# 中小企業の判定をめぐる税務

公認会計士・税理士 **鯨岡健太郎** ［著］

清文社

# はじめに

　最近、大企業が減資により「中小企業化」するというニュースを目にした。その主旨は、税務上の中小企業となることにより、税負担を軽減することにあるという。確かに、税務上は中小企業に対して多くの有利な取扱いを設けており、大企業と比較すれば相対的には税負担の軽減につながるものが多い。

　しかしそもそも「中小企業」の定義とは何か、と問われたらどう答えるべきなのだろうか。何をもって「中小」と判断するのだろうか。資本金、売上高、従業者数、事業拠点の数など、企業の規模を表現する指標は多様であり、また選択された指標において中小と判断すべき量的基準も多様である。その中でも一般的なのは、資本金を基準として分類する方法であると考えられるが、次にどの程度の金額を下回れば中小企業と言えるのかが問題となろう。

　実際には、中小企業を表現する用語の定義は多種多様である。それは中小企業に対する各種の施策を講じるうえで最適な範囲を決定する観点から定められているものであって、画一的に定義されるものではないということである。

　中小法人、中小法人等、中小企業者、中小企業者等、特定中小企業者等、中小規模法人、特定事業者等。これらはすべて、中小企業向けの税務上の取扱いを定める各種の税法における用語である。しかも、同じ用語でも制度によって定義が異なるものがあり、一律に理解することは危険である。

　中小企業をめぐる税務上の取扱いをめぐっては、平成29年度の税制改正による「適用除外事業者」に対する一定の租税特別措置の適用除外（平成31年4月1日以後開始事業年度より適用）や、令和元年度の税制改正による「みなし大企業」の範囲の改正等の影響により、各種税制の適用対象となる中小企業の範囲を正確に理解しなければならない局面が増加している。

この判定を誤り（あるいは知らないところで）、「みなし大企業」や「適用除外事業者」といった思わぬトラップに引っかかり、中小企業扱いをされないことによる想定外の税負担の増加に直面する可能性がある。

　本書は、こうした心配を軽減させるため、制度ごとに異なる「税務上の中小企業の定義」を条文にしたがい忠実に掘り下げていくことによって、複雑化した中小企業の範囲についての理解を容易にすることを目的として執筆されたものである。企画段階では、このような地味なテーマが書籍化されるとは思ってもいなかったが、よくよく調べてみるとかなり複雑な取扱いが多く、かつ類書も存在しないことから執筆を決意した次第である。

　本書の構成は次の通りである。ごく簡単な総論のあと、第2章において中小企業に対する税務上の取扱いを整理するとともに、関連する中小企業法制について簡単に紹介している。第3章では、第2章で紹介した各種制度ごとに、それらの制度の適用対象となる中小企業の範囲を具体的に明らかにするとともに、「みなし大企業」及び「適用除外事業者」の判定について詳細な説明を加えた。また補論ではあるが、中小企業と対比する概念である「大企業」についても、これを規定する法制度について簡単に紹介している。第4章では、中小企業の判定に用いる各種指標について、その利用上の留意事項等を明らかにしている。

　本書は原則として、令和3年7月1日時点で有効な諸法令に基づき執筆されているが、一部の租税特別措置については令和3年8月2日より施行された改正後の「中小企業等経営強化法」の内容まで反映させている。

　なお、本書における意見にわたる記述は全て筆者の私見であって、所属する組織・団体の公式見解ではないことをあらかじめ申し添える。

　本書がきっかけとなって、中小企業向け税制のより一層の適切な利用につながれば幸いである。


　令和3年8月

公認会計士・税理士　鯨岡　健太郎

# 第1章

# 総論

# 第2章

# 中小企業向けの取扱い

# 第4章

# 判定指標の取扱い

# ［凡例］

| | |
|---|---|
| 法法 | 法人税法 |
| 法令 | 法人税法施行令 |
| 措法 | 租税特別措置法 |
| 措令 | 租税特別措置法施行令 |
| 措通 | 租税特別措置法関係通達 |
| 中基法 | 中小企業基本法 |
| 強化法 | 中小企業等経営強化法 |
| 強化令 | 中小企業等経営強化法施行令 |
| 円滑化法 | 中小企業における経営の承継の円滑化に関する法律（中小企業経営承継円滑化法） |
| 消法 | 消費税法 |
| 消令 | 消費税法施行令 |
| 消規 | 消費税法施行規則 |
| 消基通 | 消費税法基本通達 |
| 通法 | 国税通則法 |
| 地法 | 地方税法 |
| 地法制定附則 | 地方税法附則 |
| 会計士法 | 公認会計士法 |
| 会計士法規則 | 公認会計士法施行規則 |
| 金商法 | 金融商品取引法 |
| 震災特例法 | 東日本大震災の被災者等に係る国税関係法律の臨時特例に関する法律 |
| 財基通 | 財産評価基本通達 |

○略記の例

　租税特別措置法第42条の 4 第 8 項第 8 号…措法42の 4 ⑧八

第 **1** 章

# 総論

## 1 多様な定義の存在

　中小企業の定義は様々である。「中小」という定量的な要素をどのような指標によって判定するかについて、様々な取扱いが定められているからである。

　もっとも一般的なのは資本金を判定指標とした分類によるものと考えられるが、中小企業として分類されるべき資本金の額の基準についても差異がある。その他の判定指標としては、売上高（事業収入）や従業員数なども用いられる。

　このように中小企業の定義が多様化しているのは、制度ごとに適用対象となる中小企業の範囲が異なるからである。その証左として、「中小企業」という用語はどの法律にも用いられていない。法律用語としては、「中小法人」「中小企業者」等の用語が制度ごとに使い分けられているのである。

## 2 中小企業から除外されるもの

　中小企業の中には、形式的には中小企業の定義を満たしているものの、実質的には大企業と同等に扱われるべきものがある。例えば大企業（ここでは特に定義を与えない）の豊富な資金力や事業ノウハウ等を活かして設立された子会社等は、資金調達能力や事業遂行能力等について一般的な中小企業と比較して明らかに有利な状況に置かれることもあろう。こうした企業を一般的な中小企業と同列に扱うことはかえって公平性を損なう結果となりかねない。

　そこで、このような企業は「みなし大企業」や「適用除外事業者」として、各種制度の適用対象となる中小企業の範囲から除外されている。

## 3　税法における中小企業

　中小企業を示す法律用語が多様であることは上述したが、具体的には、各税法において下表に示す単語が使用されている。

| 法　　律 | 中小企業を示す単語 | 判定指標 |
|---|---|---|
| 法人税法 | 中小法人 | 資本金の額 |
| 租税特別措置法（法人税法） | 中小企業者<br>中小企業者等<br>特定中小企業者等<br>特定事業者等（注）<br>中小規模法人 | 資本金の額<br>常時使用従業員数 |
| 消費税法 | 小規模事業者<br>中小事業者 | 課税売上高 |
| 租税特別措置法（事業承継税制） | 中小企業者 | 資本金の額<br>常時使用従業員数 |

（注）中小企業等経営強化法第2条第5項に規定

　これらの内容については、第3章において詳細に説明していくこととする。

# 第2章

# 中小企業向けの取扱い

# 第1節 法人税法（租税特別措置法を含む）及び地方税法

## 1 総論

　中小企業のことを法人税法では「中小法人」、租税特別措置法では一般に「中小企業者等」と称するが、制度によって「中小法人」及び「中小企業者等」の範囲が異なる。特に租税特別措置法では、制度によって「中小企業者」「中小企業者等」「特定中小企業者等」「中小規模法人」と異なる用語を用いているように、制度ごとに対象範囲をあらためて確認することが重要である。

　これらの具体的な定義については第3章第1節にて説明することとして、まずはこれらの取扱いについて確認することとしよう。

## 2 中小法人向けの特例

### 1 軽減税率の適用

　現在の法人税率は23.2％であるが（法法66①一）、中小法人については各事業年度の所得金額のうち年800万円以下の金額については15％の軽減税率[1]が適用される（法法66①二、措法42の3の2①）。

　ただし、その法人が「みなし大企業」［➡P56］に該当する場合を除く。

　また、その法人が「適用除外事業者」［➡P71］に該当する場合には、軽

---

1　法人税法では普通法人に対する軽減税率を19％と定めているが（法法66②）、平成24年4月1日から令和5年3月31日までの間に開始する各事業年度については、軽減税率を15％に引き下げる措置が講じられている（措法42の3の2①）。

減税率の適用はあるが税率は19％となる[2]。

## 2　特定同族会社に対する留保金課税の適用停止

　特定同族会社[3]が各事業年度で一定額（留保控除額）を超える所得の留保を行った場合には、その超過部分に応じた累進税率により計算された税額を加算することとされている（留保金課税）が、中小法人についてはその適用対象から除外されている（法法67①）。

　ただし、その法人が「みなし大企業」［➡P56］に該当する場合を除く。

## 3　貸倒引当金

　中小法人が損金経理により貸倒引当金勘定に繰り入れた金額は、その債権の種類に応じて計算された繰入限度額に達するまでの金額を、その事業年度の所得の金額の計算上、損金の額に算入する（法法52①②）[4]。

　ただし、その法人が「みなし大企業」［➡P56］に該当する場合を除く。

## 4　繰越欠損金の損金算入限度額

　繰越欠損金の損金算入限度額は原則として欠損金控除前の所得金額の50％相当額とされているが（法法57①）、中小法人における繰越欠損金の損金算入限度額は欠損金控除前の所得金額（の100％相当額）とされている（法法57⑪一イ）。

　ただし、その法人が「みなし大企業」［➡P56］に該当する場合を除く。

---

2　軽減税率を15％に引き下げる措置が適用されず、法人税法に定める軽減税率19％が適用される。

3　特定同族会社とは、被支配会社（株主等の1人と、その特殊関係者（法令139の7①②）によって発行済株式総数の50％超を保有されている会社）のうち、その判定の基礎となった株主等から被支配会社でない法人を除外して判定するものとした場合においても被支配会社となるものをいい、清算中のものを除く（法法67①②）。

4　平成24年度の税制改正（平成23年12月改正）によって、貸倒引当金繰入額の損金算入ができる法人が、中小法人、銀行・保険会社等及び一定の金銭債権を有する法人に限定された。

### 5　欠損金の繰戻し還付

　欠損金の繰戻し還付の制度（法法80①）は、平成４年４月１日から令和４年３月31日までの間に終了する各事業年度において生じた欠損金額については適用されないが（措法66の12①）、中小法人についてはこの対象から除かれており（同１号）、繰戻し還付の適用を受けることができる。

　ただし、その法人が「みなし大企業」［➡P56］に該当する場合を除く。

### 6　交際費等の定額控除限度額

　法人が平成26年４月１日から令和４年３月31日までの間に開始する各事業年度において支出する交際費等の額のうち、接待飲食費の50％相当額を超える部分の金額は損金不算入となる[5]が（措法61の４①）、中小法人［➡P104］については、交際費等の損金不算入額の計算にあたり、年800万円の定額控除限度額の適用がある（同２項）。

　ただし、その法人が「みなし大企業」［➡P56］に該当する場合を除く。

## 3　中小企業者（中小企業者等）向けの特例

### 1　研究開発税制（中小企業技術基盤強化税制）

　**中小企業者等**については、研究開発税制（試験研究を行った場合の法人税額の特別控除）のうち「一般型（旧総額型）」の控除率が引き上げられた「中小企業技術基盤強化税制」が適用される（措法42の４④）。

　ただし、その法人が「適用除外事業者」［➡P71］に該当する場合を除く。

　中小企業技術基盤強化税制の概要は下表の通りである（時限措置は令和４年度末まで）。

---

5　令和２年４月１日以後開始事業年度より、当該事業年度終了の日における資本金の額（または出資金の額）が100億円超の法人は、接待飲食費の50％相当額の損金算入限度額の適用を受けることができない。

## ■税額控除率の取扱い

| 項目 | 研究開発税制（一般型） | 中小企業技術基盤強化税制 |
|---|---|---|
| 恒久措置 | 1項<br>増減試験研究費割合に応じて<br>2％〜10％[6]<br><br>10.145％－（9.4％－増減割合）<br>×0.175 | 4項<br><br>一律12％ |
| 税額控除率の上乗せ措置（令和4年度末まで） | 2項1号<br>増減試験研究費割合に応じて<br>2％〜14％[6]<br><br>〈増減試験研究費割合＞9.4％〉<br>10.145％＋（増減割合－9.4％）<br>×0.35<br><br>〈増減試験研究費割合≦9.4％〉<br>10.145％－（9.4％－増減割合）<br>×0.175 | 5項1号<br>増減試験研究費割合に応じて<br>12％〜17％<br><br>〈増減試験研究費割合＞9.4％〉<br>12％＋（増減割合－9.4％）<br>×0.35<br><br>〈増減試験研究費割合≦9.4％〉<br>一律12％ |
| 試験研究費割合が10％を超える場合の税額控除率の上乗せ措置（令和4年度末まで） | 2項2号<br>14％を上限とする。<br><br>上乗せ措置後の控除率<br>＝通常の控除率<br>＋｛（試験研究費割合－10％）<br>×0.5【最大0.1】｝<br>×通常の控除率 | 5項2号・3号<br>17％を上限とする。<br><br>上乗せ措置後の控除率<br>＝通常の控除率[7]<br>＋｛（試験研究費割合－10％）<br>×0.5【最大0.1】｝<br>×通常の控除率[7] |

6　その事業年度が設立事業年度である場合、又は比較試験研究費の額がゼロである場合の税額控除率は8.5％とされる。

7　増減試験研究費割合が9.4％を超える場合には、5項1号の上乗せ措置を反映した税額控除率を用いる（5項3号）。

## ■控除上限の取扱い

| 項目 | 研究開発税制 | 中小企業技術基盤強化税制 |
|---|---|---|
| 恒久措置 | 1項<br>法人税額の25％相当額を上限とする。<br>ただし、一定のベンチャー企業については、法人税額の40％相当額を上限とする特例がある[8]。 | 4項<br>法人税額の25％相当額を上限とする。 |
| 増減試験研究費割合が9.4％超の場合の控除上限の上乗せ措置（令和4年度末まで） | ― | 6項1号<br>法人税額の35％相当額を上限とする。<br>※　「試験研究費割合が10％を超える場合の控除上限の上乗せ措置」との選択適用 |
| 試験研究費割合が10％を超える場合の控除上限の上乗せ措置（令和4年度末まで） | 法人税額の35％相当額を上限とする。<br>　上乗せ措置後の控除上限<br>　＝25％＋（試験研究費割合<br>　　　　－10％）×2 | 6項2号<br>同左<br><br>※　「増減試験研究費割合が9.4％超の場合の控除上限の上乗せ措置」との選択適用 |
| コロナ禍における控除上限の上乗せ措置（令和4年度末まで） | 3項3号<br>基準年度（令和2年1月以前に終了する事業年度）と比較して売上高が2％以上減少しているにもかかわらず試験研究費が増加している場合<br>　⇒控除上限を5％上乗せ | 6項3号<br>同左 |

---

8　研究開発税制（一般型）の適用を受ける法人の次に掲げる事業年度においては、控除上限額が法人税額の40％相当額に引き上げられる（措法42の4③一）。
　・本税制の適用を受けようとする事業年度（適用年度）が、その法人の設立の日（法法57③）とされる一定の日から、同日以後10年を経過する日までの期間内の日を含む事業年度に該当すること。
　・その法人が適用年度終了時において法人税法における「みなし大企業」（法法66⑥二・三）及び株式移転完全親法人のいずれにも該当しないこと。
　・適用年度終了の時において翌期繰越欠損金額（通法2六ハ（2））があること。

## 2 中小企業投資促進税制

**中小企業者等**が指定期間内に特定機械装置等（機械装置及び一定の工具、ソフトウェア、車両運搬具、船舶）を取得等して国内にある指定事業の用に供した場合には、その取得価額の30％相当額の特別償却の適用を受けることができる（措法42の6①）。

さらに、「**特定中小企業者等**」〔➡P97〕に該当する場合には、特別償却に代えて税額控除の適用を受けることができる（同2項）。

ただし、その法人が「適用除外事業者」〔➡P71〕に該当する場合を除く。

## 3 地方拠点強化税制（オフィス減税）

**中小企業者**〔➡P98〕については、地方拠点強化税制におけるオフィス減税（地方活力向上地域等において特定建物等を取得した場合の特別償却又は法人税額の特別控除）の適用対象となる「特定建物等」の規模要件（取得価額の合計額が2,000万円以上）が1,000万円以上に緩和されている（措法42の11の3、措令27の11の3）。

ただし、その法人が「適用除外事業者」〔➡P71〕に該当する場合を除く。

## 4 中小企業経営強化税制

**中小企業者等**〔➡P99〕が、指定期間（平成29年4月1日から令和5年3月31日までの期間）内に特定経営力向上設備等を取得等して国内にある指定事業

---

3つめの要件は、法人税申告書別表一の様式の「翌期へ繰り越す欠損金又は災害損失金」の欄に記載されるべき金額がある場合ということであり、適用年度において欠損金の控除限度額（法法57①）の適用により青色欠損金の全額を控除しきれなかった場合等、所得の金額（及び法人税額）が発生するが翌期繰越欠損金額も生じることとなる事業年度が対象となる。

したがって、本特例の対象となる適用年度は、欠損金の控除限度額の特例（法法57⑪三）の対象となる新設法人の設立の日から同日以後10年を経過する日までの期間内の日を含む各事業年度のうち、その特例事業年度（その特例の対象となる設立以後7年内事業年度）後の事業年度（1年決算の場合、第8期～第10期の事業年度）又はその特例対象外事業年度（上場等をされた場合のその上場等の日以後に終了する事業年度）に該当する事業年度となる（財務省『令和元年度 税制改正の解説』332～333頁）。

の用に供した場合には、その取得価額相当額について即時償却[9]又は税額控除の適用を受けることができる（措法42の12の4①②）。

　ただし、その法人が「適用除外事業者」［➡P71］に該当する場合を除く。

## 5 　所得拡大促進税制

　**中小企業者等**については、人材確保等促進税制（給与等の支給額が増加した場合の法人税額の特別控除）の適用要件、税額控除率の引上げ及び引上げのための要件が次ページ表右欄の通り修正された制度（所得拡大促進税制）の適用を受けることができる（措法42の12の5②）。

　ただし、その法人が「適用除外事業者」［➡P71］に該当する場合を除く。

## 6 　**法人税の額から控除される特別控除額の特例**

　賃上げや設備投資に消極的な法人[10]については、平成30年4月1日から令和6年3月31日までの間に開始する各事業年度において一定の租税特別措置（研究開発税制等）を適用することができないこととされているが、**中小企業者等**については適用除外とされている（措法42の13⑥）。

　ただし、その法人が「適用除外事業者」［➡P71］に該当する場合を除く。

---

9　特別償却限度額は、当該特定経営力向上設備等の取得価額から普通償却限度額を控除した金額に相当する金額とされる。普通償却限度額と合わせれば取得価額相当額（全額）が償却限度額となる。

10　具体的には、以下のいずれの要件にも該当しない場合に適用される。
　　・継続雇用者給与等支給額が継続雇用者比較給与等支給額を超えること。
　　・国内設備投資額が当期償却費総額の30％相当額を超えること。
　　ただし、その事業年度（設立事業年度及び合併当事業年度のいずれにも該当しない事業年度に限る）の所得の金額がその事業年度の前事業年度の所得の金額以下である場合には適用されない。

## ■中小企業者等が適用可能な「所得拡大促進税制」

| 項目 | 人材確保等促進税制 | 所得拡大促進税制 |
|---|---|---|
| 適用要件 | 新規雇用者給与等支給額が前年度比で2％以上増加していること。 | 雇用者給与等支給額が前年度比で1.5%以上増加していること。 |
| 税額控除額 | 控除対象新規雇用者給与等支給額×15% | 控除対象雇用者給与等支給増加額×15% |
| 税額控除率の引上げ | 20% | 25% |
| 税額控除率の引上げのための要件 | 教育訓練費の額が比較教育訓練費の額[11]から20%以上増加していること。 | ・雇用者給与等支給額が前年度比で2.5%以上増加していること。<br>・次に掲げる要件のいずれかを満たすこと。<br>　1．教育訓練費の額が比較教育訓練費の額[11]から10%以上増加していること。<br>　2．当該事業年度終了の日までにおいて経営力向上計画の認定（中小企業等経営強化法第17条第1項）を受けたものであり、当該経営力向上計画に記載された経営力向上が確実に行われたことにつき一定の証明がされたものであること。 |
| 控除上限 | 法人税額の20% | 法人税額の20% |

## 7 被災代替資産等の特別償却

　**中小企業者等**については、被災代替資産等の特別償却の適用にあたり、次ページ表の通り特別償却の割合の引上げ措置が講じられている（措法43の3①）。

　ただし、その法人が「適用除外事業者」[➡P71]に該当する場合を除く。

---

11　その適用年度開始日前1年以内に開始した各事業年度における教育訓練費の額（事業年度月数の補正計算あり）の合計額÷その各事業年度の数（措法42の12の5③八）

| 資産の種類 | 特別償却の割合 | 中小企業者等に対する特別償却の割合 |
|---|---|---|
| 建物又は構築物（増築部分を含む）で、その建設の後事業の用に供されたことのないもの | 発災後3年経過日前までに取得又は建設をしたもの：15%<br>発災後3年経過日以後に取得又は建設をしたもの：10% | 発災後3年経過日前までに取得又は建設をしたもの：18%<br>発災後3年経過日以後に取得又は建設をしたもの：12% |
| 機械及び装置で、その製作の後事業の用に供されたことのないもの | 発災後3年経過日前までに取得又は製作をしたもの：30%<br>発災後3年経過日以後に取得又は製作をしたもの：20% | 発災後3年経過日前までに取得又は製作をしたもの：36%<br>発災後3年経過日以後に取得又は製作をしたもの：24% |

## 8 被災代替資産等の特別償却 （震災特例法）

　**中小企業者等**については、東日本大震災に基因した被災代替資産等の特別償却の適用にあたり、以下の通り特別償却の割合の引上げ措置が講じられている（震災特例法18の2①）。

　ただし、その法人が「適用除外事業者」[➡P71] に該当する場合を除く。

| 資産の種類 | 特別償却の割合 | 中小企業者等に対する特別償却の割合 |
|---|---|---|
| 建物又は構築物（増築部分を含む）で、その建設の後事業の用に供されたことのないもの | 10% | 12% |
| 機械及び装置で、その製作の後事業の用に供されたことのないもの | 20% | 24% |
| 船舶で、その製作の後事業の用に供されたことのないもの | 20% | 24% |

## 9 特定事業継続力強化設備等の特別償却

　**中小企業者等**のうち、事業継続力強化計画（強化法56①）又は連携事業

継続力強化計画（同法58①）の認定[12]を受けたもの（**特定中小企業者等**）[➡P101]が、その認定を受けた日から同日以後 1 年を経過する日までの間に、その認定事業継続力強化計画等に記載された「特定事業継続力強化設備等」（機械及び装置、器具備品並びに一定規模以上の建物附属設備）でその製作又は建設の後事業の用に供したことのないものを取得等して、これをその特定中小企業者等の事業の用に供した場合には、その取得価額の20%（令和 5 年 4 月 1 日以後に取得等したものについては18%）相当額の特別償却の適用を受けることができる（措法44の 2 ①）。

　ただし、その法人が「適用除外事業者」[➡P71]に該当する場合を除く。

### 10　特定地域における産業振興機械等の割増償却

　この制度は、青色申告書を提出する法人が、対象期間内に、対象地区[13]内において対象設備（産業振興機械等）を取得等（取得又は製作・建設）し、これを指定事業の用に供したときは、事業供用日から 5 年以内の日を含む各事業年度において、一定の割増償却を行うことができる制度である（措法45②）。

　本税制の適用対象となる産業振興機械等に該当する建物及びその附属設備は、新設又は増設のために取得等されたものに限られるところ、**中小規模法人**[14]については、改修工事による取得又は建設を行った場合にも本税制の適用を受けることができる。

　ただし、その法人が「適用除外事業者」[➡P71]に該当する場合を除く。

---

12 「中小企業の事業活動の継続に資するための中小企業等経営強化法等の一部を改正する法律（令和元年法律第21号）」の施行の日から令和 5 年 3 月31日までの間に認定を受ける必要がある。

13 過疎地域、半島振興対策実施地域、離島振興対策実施地域又は奄美群島のうち、産業振興のための取組みが積極的に推進される一定の地区。

14 青色申告書を提出する法人のうち、資本金の額（出資金の額）が5,000万円以下の法人又は資本（出資）を有しない法人（措令28の 9 ⑬）。

## 11 中小企業事業再編投資損失準備金

　**中小企業者**［➡P102］のうち、経営力向上計画[15]（強化法17①、④二）の認定[16]を受けたものが、その認定経営力向上計画に従って行う事業承継等として他の法人の株式を取得[17]し、かつこれをその取得の日を含む事業年度終了の日まで引き続き有している場合において、その株式等（特定株式等）の取得価額の70％に相当する金額以下の金額を損金経理の方法により各特定法人（特定株式等を発行した法人）別に中小企業事業再編投資損失準備金として積み立てたとき[18]は、その積み立てた金額を損金の額に算入することができる（措法55の2①）。

　ただし、その法人が「適用除外事業者」［➡P71］に該当する場合を除く。

## 12 中小企業者等の貸倒引当金の特例

　**中小企業者等**［➡P103］は、一括評価金銭債権に係る貸倒引当金の繰入限度額について、法定繰入率を用いた方法によることができる（措法57の9①）。

　ただし、その法人が「適用除外事業者」［➡P71］に該当する場合を除く。

## 13 中小企業者等の少額減価償却資産の取得価額の損金算入の特例

　**中小企業者等**［➡P106］は、平成18年4月1日から令和4年3月31日までの間に取得等し、かつ事業の用に供した取得価額が10万円以上30万円未満の減価償却資産のうち、一括償却資産や特別償却等の他の規定（措

---

15　経営力向上計画の中に、事業承継等事前調査に関する事項（強化法17④二）の記載があるものに限る。

16　「産業競争力強化法等の一部を改正する等の法律」（令和3年法律第70号）の施行の日から令和6年3月31日までの間に認定を受ける必要がある。

17　購入による取得に限る。

18　その事業年度の決算の確定の日までに、剰余金の処分により積立金を設定した場合を含む。

法53①、法令133の２①等）の適用を受けるもの以外のものについて、その取得価額相当額を損金経理したときは、これを損金の額に算入することができる（措法67の５①、措令39の28②）。

　この場合において、その**中小企業者等**の一事業年度における少額減価償却資産の取得価額の合計額が300万円（事業年度が１年に満たない場合には、300万円を12で除し、これに当該事業年度の月数を乗じて計算した金額）を超えるときは、その超過額については損金の額に算入されない。

　ただし、その法人が「適用除外事業者」[➡P71]に該当する場合を除く。

---

補　足

---

　以下の租税特別措置については、令和３年度の税制改正によって廃止された。

① 省エネ再エネ高度化投資促進税制

　**中小企業者等**[19]については、省エネ再エネ高度化投資促進税制（高度省エネルギー増進設備等を取得した場合の特別償却又は法人税額の特別控除）の適用にあたり、特別償却に代えて税額控除の適用を受けることができた（旧・措法42の５②）。

　ただし、その法人が「適用除外事業者」に該当する場合を除く。

　本税制は、令和３年度の税制改正により、所要の経過措置が講じられた上で令和３年３月31日をもって廃止された。

② 商業・サービス業・農林水産業活性化税制

　**特定中小企業者等**[20]が、その経営改善指導書類に記載された一定規模

---

19 研究開発税制における中小企業者等と同じ。

20 研究開発税制における中小企業者等の範囲を基礎としつつ、以下の点が異なる（旧・措法42の12の３①）。

　・認定経営革新等支援機関等による経営改善指導助言書類の交付を受けた法人であること。

以上の経営改善設備（器具備品及び建物附属設備）を取得等して国内にある指定事業の用に供した場合には、その取得価額の30％相当額の特別償却の適用を受けることができた（旧・措法42の12の3①）。

さらに、**特定中小企業者等のうち一部の法人**[21]については、特別償却に代えて税額控除の適用を受けることができた（同2項）。

ただし、その法人が「適用除外事業者」に該当する場合を除く。

本税制は、令和3年度の税制改正により、適用期限（令和2年度末）の到来をもって廃止された。

③　振興山村における産業振興機械等の割増償却[22]

**中小企業者**[23]については、振興山村等として指定された地区のうち、産業振興のための取組が積極的に推進される一定の地区において、一定の事業の用に供する一定の設備の取得等（取得又は製作・建設）をする場合において、その取得等をした設備を当該地区内において一定の事業の用に供したときは、設備の種類に応じた割増償却が認められていた（旧・措法45②四）。

この取扱いは、令和3年度の税制改正により、適用期限（令和2年度末）の到来をもって廃止された。

---

・認定経営革新等支援機関等及び農業協同組合等が除外されていること。
・対象に中小企業等協同組合等（中小企業等協同組合、出資組合である商工組合及び商店街振興組合）が追加されたこと。

21　資本金の額（出資金の額）が3,000万円を超える法人（中小企業等協同組合等を除く）以外の法人。

22　⑩（特定地域における産業振興機械等の割増償却）の1つ。

23　研究開発税制における中小企業者のみ（「等」に含まれる農業協同組合等を除く）。

# 4 地方税の取扱い

## 1 道府県民税・市町村民税 (法人税割)

　法人住民税 (道府県民税及び市町村民税) の法人税割の課税標準となる「法人税額」には、原則として租税特別措置法上の税額控除の効果は及ばないのであるが、中小企業向けの租税特別措置の適用を受ける場合、その税額控除の効果は法人住民税にも及ぶ。これは中小企業にとって法人実効税率を引き下げることとなる大きなメリットとなる。

　ここで法人税割の課税標準となる「法人税額」は、次ページ表に掲げる税額控除規定の適用前の法人税額をいい、法人税に係る延滞税、利子税、過少申告加算税、無申告加算税及び重加算税の額を含まない (地法23①四、292①四)。

　ただし、一定の期間内に開始する各事業年度の法人住民税に限り、中小企業向けの各種租税特別措置に係る税額控除後の法人税額を課税標準として用いることとされている (地法制定附則 8 )。

　具体的には、**中小企業者等**[24]に対して適用される22ページ表の制度については、税額控除の効果が法人住民税にも及ぶこととなる (これらの制度の中には、中小企業者等に対する特別措置が設けられていないため本書で取り上げていないものもある)。

---

24 研究開発税制における中小企業者等 (措法42の4④) が対象となる (地法制定附則8①)。

**■法人税割の課税標準となる「法人税額」** (適用されない制度)

| 法律 | 条文 | 制度の名称 |
|---|---|---|
| 法人税法 | 第68条 | 所得税額控除 |
| | 第69条 | 外国税額控除 |
| | 第69条の2 | 分配時調整外国税相当額の控除 |
| | 第70条 | 仮装経理に基づく過大申告の場合の更正に伴う税額控除 |
| 租税特別措置法 | 第42条の4 | 試験研究を行った場合の法人税額の特別控除(**研究開発税制**) |
| | 第42条の10<br>(除：①③④⑦) | 国家戦略特区において機械等を取得した場合の法人税額の特別控除 |
| | 第42条の11<br>(除：①、③〜⑤、⑧) | 国際戦略総合特区において機械等を取得した場合の法人税額の特別控除 |
| | 第42条の11の2<br>(除：①③④⑦) | 地域経済牽引事業の促進区域内において特定事業用機械等を取得した場合の法人税額の特別控除(**地域未来投資促進税制**) |
| | 第42条の11の3<br>(除：①③④⑦) | 地方活力向上地域等において特定建物等を取得した場合の法人税額の特別控除（地方拠点強化税制：オフィス減税） |
| | 第42条の12 | 地方活力向上地域等において雇用者の数が増加した場合の法人税額の特別控除(**地方拠点強化税制：雇用促進税制の特則**) |
| | 第42条の12の2 | 認定地方公共団体の寄附活用事業に関連する寄附をした場合の法人税額の特別控除（企業版ふるさと納税） |
| | 第42条の12の5 | 給与等の支給額が増加した場合の法人税額の特別控除<br>(**人材確保等促進税制／所得拡大促進税制**) |
| | 第42条の12の6<br>(除：①③④⑦) | 認定特定高度情報通信技術活用設備を取得した場合の特別償却又は法人税額の特別控除（**5G投資促進税制**） |
| | 第42条の12の7<br>(除：①〜③、⑦⑧⑪) | 事業適応設備を取得した場合等の特別償却又は法人税額の特別償却（**DX投資促進税制、カーボンニュートラル投資促進税制**） |
| | 第66条の7 | 課税対象金額又は部分課税対象金額に係る外国法人税額の特別控除（**タックスヘイブン対策税制**） |
| | 第66条の9の3 | 課税対象金額に係る外国法人税額の特別控除（**コーポレート・インバージョン対策税制**） |

**■税額控除の効果が住民税に及ぶもの（中小企業者等）**

| 制　　度 | 附則8条 | 効果が法人住民税に及ぶ事業年度 |
|---|---|---|
| 研究開発税制（中小企業技術基盤強化税制） | 2項 | 令和3年4月1日から令和5年3月31日までの間に開始する各事業年度 |
| 地域未来投資促進税制 | 3項 | 地域未来投資促進法施行日（平成29年7月31日）から令和5年3月31日までの期間を含む各事業年度 |
| 地方拠点強化税制（オフィス減税）（雇用促進税制の特例） | 4項5項 | 指定期間（改正地域再生法施行日（平成27年8月10日）から令和4年3月31日まで）内に「地方活力向上地域等特定業務施設整備計画」の認定を受けた日からその翌日以後2年を経過する日までの期間を含む各事業年度 |
| 人材確保等促進税制所得拡大促進税制 | 6項7項 | 平成30年4月1日から令和5年3月31日までの間に開始する各事業年度 |
| 5G投資促進税制 | 8項 | 「特定高度情報通信技術活用システムの開発供給及び導入の促進に関する法律」施行日（令和2年8月31日）から令和4年3月31日までの期間を含む各事業年度 |
| DX投資促進税制 | 9項 | 改正産業競争力強化法施行日（令和3年8月2日）から令和5年3月31日までの期間を含む各事業年度 |
| カーボンニュートラル投資促進税制 | 10項 | 改正産業競争力強化法施行日（令和3年8月2日）から令和6年3月31日までの期間を含む各事業年度 |

## ② 道府県民税（均等割）

法人住民税（道府県民税）の均等割は、その法人の資本金等の額[25]に応じて次ページ表の通りとされている（地法52①）。

---

25　資本金等の額が、その法人の事業年度末日（予定申告の場合には前事業年度末日）現在における資本金の額及び資本準備金の額の合算額又は出資金の額に満たない場合には、資本金等の額ではなく、資本金の額及び資本準備金の額の合算額又は出資金の額を用いて税額を判定する（地法52④）。

| 区　分 | 資本金等の額 | 年税額 |
|---|---|---|
| ①　公共法人及び公益法人等のうち、均等割非課税とされるもの以外のもの（収益事業を行う独立行政法人を除く）<br>②　人格のない社団等<br>③　一般社団法人及び一般財団法人（非営利型法人に該当するものを除く）<br>④　保険業法に規定する相互会社以外の法人で、資本金の額（出資金の額）を有しないもの（上記①～③を除く） | ——— | ２万円 |
| 資本金等の額を有する法人（収益事業を行わない独立行政法人及び上記④を除く） | 1,000万円以下 | ２万円 |
| | 1,000万円超１億円以下 | ５万円 |
| | １億円超10億円以下 | 13万円 |
| | 10億円超50億円以下 | 54万円 |
| | 50億円超 | 80万円 |

## 3　市町村民税（均等割）

　法人住民税（市町村民税）の均等割の標準税率は、その法人の資本金等の額[26]及び従業者数に応じて次ページ表の通りとされている（地法312①）。市町村は、標準税率を超える税率で均等割を課する場合には、次ページ表の税額の1.2倍を超えることはできない（同2項）。

---

26 資本金等の額が、その法人の事業年度末日（予定申告の場合には前事業年度末日）現在における資本金の額及び資本準備金の額の合算額又は出資金の額に満たない場合には、資本金等の額ではなく、資本金の額及び資本準備金の額の合算額又は出資金の額を用いて税額を判定する（地法321⑥）。

| 区　分 | 資本金等の額 | 従業者数 | 年税額 |
|---|---|---|---|
| ① 公共法人及び公益法人等のうち、均等割非課税とされるもの以外のもの（収益事業を行う独立行政法人を除く）<br>② 人格のない社団等<br>③ 一般社団法人及び一般財団法人（非営利型法人に該当するものを除く）<br>④ 保険業法に規定する相互会社以外の法人で、資本金の額（出資金の額）を有しないもの（上記①～③を除く） | ——— | ——— | 5万円 |
| 資本金等の額を有する法人（収益事業を行わない独立行政法人及び上記④を除く） | 1,000万円以下 | 50人以下 | 5万円 |
| | | 50人超 | 12万円 |
| | 1,000万円超<br>1億円以下 | 50人以下 | 13万円 |
| | | 50人超 | 15万円 |
| | 1億円超<br>10億円以下 | 50人以下 | 16万円 |
| | | 50人超 | 40万円 |
| | 10億円超<br>50億円以下 | 50人以下 | 41万円 |
| | | 50人超 | 175万円 |
| | 50億円超 | 50人以下 | 41万円 |
| | | 50人超 | 300万円 |

## 4　事業税（外形標準課税）

　事業年度末における資本金の額（出資金の額）が1億円を超える法人は、法人事業税の外形標準課税の適用を受ける。外形標準課税の適用を受ける場合、所得割の税率が引き下げられる一方で、所得に連動しない外形基準に応じた税負担が発生するため、所得水準が十分でない法人にあっては所得割の税率引下げ効果よりも外形基準による税負担増加効果が上回り、結果として全体的な税負担の増加に結びつくことがある。

　法人事業税には、所得割、付加価値割、資本割、及び収入割の4種類

があり、「外形標準課税」というと一般的には「付加価値割」及び「資本割」のことを指す。

　事業税の適用関係は、まず法人の営む「事業」による区分を行い、その次に「法人」の区分に従って、課される事業税の種類が決定されるという構造になっている（地法72の2①）。

　具体的には下表のように決定される。

| 事業の区分 | 法人の区分 | 資本金額・出資金額 | 収入割 | 所得割 | 外形標準課税 付加価値割 | 資本割 |
|---|---|---|---|---|---|---|
| | 電気供給業、ガス供給業及び保険業（生命保険業・損害保険業） | | ○ | | | |
| 上記以外の事業 | 地方税法第72条の4第1項各号に定める法人（国等が行う事業を行う法人） | | | ○ | | |
| | 地方税法第72条の5第1項各号に定める法人（独立行政法人その他の特殊法人） | | | ○ | | |
| | 地方税法第72条の24の7第6項各号に定める法人（農業協同組合その他の「特別法人」） | | | ○ | | |
| | 人格のない社団等（地法72の4④） | | | ○ | | |
| | みなし課税法人（地法72の4⑤） | | | ○ | | |
| | 投資法人 | | | ○ | | |
| | 特定目的会社 | | | ○ | | |
| | 一般社団法人（非営利型法人を除く） | | | ○ | | |
| | 一般財団法人（非営利型法人を除く） | | | ○ | | |
| | 上記以外の法人 | なし | | ○ | | |
| | | 1億円以下 | | ○ | | |
| | | 1億円超 | | ○ | ○ | ○ |

　以上の結果、外形標準課税が適用されるのは、

・電気供給業、ガス供給業及び保険業以外の事業を営む法人であって

・所得割のみを課税される法人として限定列挙されている法人に該当しない法人のうち

・資本金の額 (出資金の額) が1億円を超える法人

ということになる (地法72の2①一イ)。そして、資本金 (出資金) の額の判定は、各事業年度終了の日の現況によるものとされる (地法72の2②)。

# 第2節　消費税法

## 1　総論

　消費税法では、中小企業に対応する概念として「小規模事業者」及び「中小事業者」に対する取扱いを定めている。これらの定義については第3章第3節にて説明することとして、まずはこれらの取扱いについて確認することとしよう。

## 2　小規模事業者向けの取扱い

　小規模事業者は、その課税期間中に国内において行った課税資産の譲渡等（課税売上）及び特定課税仕入れにつき、その納税義務が免除される（免税事業者：消法9①）。

　ただし、以下の事由に該当する場合には、その取扱いが優先される。

> ・課税事業者を選択する場合（消法9④）
> ・特定期間における課税売上高による納税義務の免除の特例（消法9の2）
> ・合併があった場合の納税義務の免除の特例（消法11）
> ・分割等があった場合の納税義務の免除の特例（消法12）
> ・新設法人の納税義務の免除の特例（消法12の2）
> ・特定新規設立法人の納税義務の免除の特例（消法12の3）
> ・高額特定資産を取得した場合等の納税義務の免除の特例（消法12の4）
> ・法人課税信託の受託法人に関する納税義務の免除の特例（消法15）

## 1 課税事業者を選択する場合

　小規模事業者に該当する事業者のうち、「消費税課税事業者選択届出書」
を提出したものは、その提出日の属する課税期間の翌課税期間[27]以後の課
税期間については免税事業者の取扱いの適用を受けない（消法9④）。

　この取扱いは、本来であれば免税事業者の取扱いを受ける課税期間にお
いて、消費税の確定申告書を提出することによって還付を受けることがで
きる可能性がある場合に利用されることが多い。

　「消費税課税事業者選択届出書」を提出した事業者は、事業を廃止した
場合を除き、その提出日の属する課税期間の翌課税期間の初日から2年
を経過する日の属する課税期間の初日以後（課税期間が1年のケースで3期目
以後）でなければ、「消費税課税事業者選択不適用届出書」の提出をする
ことができない（消法9⑥）。

　また、課税事業者である期間中に調整対象固定資産[28]を取得した事業者
は、その調整対象固定資産の仕入れ等の日の属する課税期間の初日から
3年を経過する日の属する課税期間の初日以後（課税期間が1年のケースで
は4期目以後）でなければ、「課税事業者選択不適用届出書」の提出及び
「消費税簡易課税制度選択届出書」の提出をすることができない（消法9⑦、
37③一）。これは、調整対象固定資産については、その仕入れの日の属す
る課税期間から3年後の課税期間において、課税売上割合が著しく変動
した場合の調整対象固定資産に係る仕入税額控除の調整計算（消法33①）
を適用する必要があるためである。

---

27　提出日の属する課税期間が事業を開始した日の属する課税期間その他一定の課税期間に該
　当する場合には、その課税期間から有効となる。

28　調整対象固定資産とは、固定資産とされる一定の資産のうち、一取引単位当たりの支払対
　価の額（税抜き）が100万円以上のものをいう（消法2①十六、消令5）。

## 2　特定期間における課税売上高による納税義務の免除の特例

法人（[1]の適用を受けるものを除く）のその事業年度の基準期間における課税売上高が1,000万円以下である場合において、その法人の事業年度の**特定期間**における課税売上高が1,000万円を超えるときは、その事業年度において免税事業者の取扱いの適用を受けない（消法9の2①）。

この判定にあたっては、課税売上高の代わりに、特定期間中に支払った給与等の金額（毎月の給与明細書に記載される給与等の金額）の合計額を用いることもできる（消法9の2③、消規11の2）。

したがって、特定期間における課税売上高又は給与等支払額のいずれかが1,000万円以下であれば、本特例の適用はない（免税事業者のまま）ということになる。

ここで特定期間とは、以下の期間をいう（消法9の2④）。

---

〈**前事業年度（短期事業年度を除く）がある法人**〉

その前事業年度開始の日以後6月の期間[29]。

〈**短期事業年度がある法人**〉

その事業年度の前々事業年度開始の日以後6月の期間。

ただし、前々事業年度が6月以下である場合には、その前々事業年度開始の日から終了の日までの期間。

---

なお「短期事業年度」とは、以下に該当する事業年度をいう（消令20の5①）。

---

[29]　6月の期間の末日がその月の末日でない等の場合には、さらに特例がある（消法9の2⑤、消令20の6）。
　・6月の期間の末日がその月の末日でない場合 ⇒ その月の前月の末日
　・6月の期間の末日がその日の属する月のその前事業年度の終了応当日（例えば3月25日決算であれば「25日」）でない場合 ⇒ その6月の期間の末日の直前の終了応当日

---

・その事業年度の前事業年度で7月以下であるもの

・その事業年度の前事業年度（7月以下であるものを除く）における「6月の期間」の末日からその前事業年度終了の日までの期間が2月未満であるもの

---

### 3　合併があった場合の納税義務の免除の特例

　合併があった場合には、合併法人の基準期間の課税売上高の算定上、その合併に係る被合併法人の課税売上高を考慮して納税義務の有無を判定することとなる。

　すなわち、合併により被合併法人の事業を承継した合併法人について、次に掲げる場合に該当するときは、納税義務を免除しないとする趣旨である（消法11、消基通1-5-6）。

---

〈合併があった日の属する事業年度〉

　合併法人の基準期間における課税売上高又は被合併法人の当該基準期間に対応する期間における課税売上高のうちいずれかが1,000万円を超える場合

〈合併があった日の属する事業年度の翌事業年度及び翌々事業年度〉

　合併法人の基準期間における課税売上高と被合併法人の当該基準期間に対応する課税売上高との合計額が1,000万円を超える場合

---

### 4　分割等があった場合の納税義務の免除の特例

　新設分割等があった場合には、分割等により設立された法人又は資産の譲渡を受けた法人（新設分割子法人）の基準期間の課税売上高の算定上、その分割等を行った法人（新設分割親法人）の課税売上高を考慮して納税義務の有無を判定することとなる（消法12①～④）。

　また吸収分割があった場合には、分割承継法人の基準期間の課税売上高

の算定上、その吸収分割に係る分割法人の課税売上高を考慮して納税義務の有無を判定することとなる（消法12⑤⑥）。具体的には以下の通りである（消基通1-5-6の2）。

| 区分 | 事業年度 | 新設分割子法人・分割承継法人の納税義務 | 新設分割親法人・分割法人の納税義務 |
|---|---|---|---|
| 新設分割 | 分割等があった日の属する事業年度及び当該事業年度の翌事業年度 | 新設分割子法人の基準期間に対応する期間における各新設分割親法人の課税売上高のうちいずれかが1,000万円を超える場合は、納税義務が免除されない。 | 新設分割親法人の基準期間における課税売上高によって判定する。 |
| 新設分割 | 分割等（新設分割親法人が1つの場合に限る）があった日の属する事業年度の翌々事業年度以後 | 新設分割子法人が「特定要件[30]」に該当し、かつ、新設分割子法人の基準期間における課税売上高と当該新設分割子法人の基準期間に対応する期間における新設分割親法人の課税売上高との合計額が1,000万円を超える場合は、納税義務が免除されない。 | 新設分割子法人が「特定要件」に該当し、かつ、新設分割親法人の基準期間における課税売上高と当該新設分割親法人の基準期間に対応する期間における新設分割子法人の課税売上高との合計額が1,000万円を超える場合は、納税義務が免除されない。 |
| 吸収分割 | 吸収分割があった日の属する事業年度及び当該事業年度の翌事業年度 | 分割承継法人の基準期間における課税売上高又は当該分割承継法人の基準期間に対応する期間における各分割法人の課税売上高のうちいずれかが1,000万円を超える場合は、納税義務が免除されない。 | 分割法人の基準期間における課税売上高によって判定する。 |
| 吸収分割 | 吸収分割があった日の属する事業年度の翌々事業年度以後 | 分割承継法人の基準期間における課税売上高によって判定する。 | 分割法人の基準期間における課税売上高によって判定する。 |

　対象となるのは以下の「分割等」（消法12⑦、消令23⑨）及び吸収分割である。

---

30　新設分割子法人の発行済株式又は出資（自己株式又は出資を除く）の総数（総額）の50%を超える数（金額）が新設分割親法人（特殊関係者を含む）の所有に属すること。

〈分割等の範囲〉

○新設分割

○以下の要件を満たす現物出資による設立

　・法人の設立時において発行済株式（出資）の全部をその現物出資をした
　　法人が有するもの

　・その新設法人に事業の全部又は一部を引き継ぐもの

○以下の要件を満たす事後設立

　・金銭出資を行い法人を設立したこと

　・新設法人との間に締結された会社法第467条第1項第5号（事業譲渡等
　　の承認等）に掲げる契約（事後設立）に基づき金銭以外の資産の譲渡が行
　　われたこと

　・新設法人の設立時において発行済株式（出資）の全部をその金銭出資を
　　した法人が有するもの

　・その金銭以外の資産の譲渡が、新設法人の設立時において予定されて
　　おり、かつその設立の時から6月以内に行われていること

## 5　新設法人の納税義務の免除の特例

　その事業年度の基準期間がない法人のうち、その事業年度開始の日における資本金の額（出資金の額）が1,000万円以上である法人（新設法人）については、その基準期間がない事業年度に含まれる各課税期間については、免税事業者の取扱いの適用を受けない（消法12の2①）。

## 6　特定新規設立法人の納税義務の免除の特例

　新規設立法人とは、その事業年度の基準期間がない法人のうち、上記 5 の取扱いを受けるもの及び社会福祉法人（専ら非課税資産の譲渡等を行うことを目的として設立されたもの）を除いたものをいう。

　そして新規設立法人のうち、その発行済株式総数又は出資総額（自己株式又は出資を除く）の50％超を直接又は間接に保有されている場合等、他の

者により新規設立法人が支配されている場合に該当する場合（特定要件を満たす場合）には、「特定新規設立法人」とされる。

このとき、特定新規設立法人の基準期間に相当する期間において、これを支配する他の者のいずれかの課税売上高が5億円を超えるときは、その特定新規設立法人は免税事業者の取扱いの適用を受けない（消法12の3①）。

なお、特定要件を満たすかどうかの判定は、その基準期間のない事業年度開始の日の現況による（消基通1-5-15の2）。

## 7 高額特定資産を取得した場合等の納税義務の免除の特例

課税事業者が、簡易課税制度の適用を受けない課税期間中に国内における高額特定資産の仕入れ等を行った場合には、その高額特定資産の仕入れ等の日[31]の属する課税期間の初日の日以後3年を経過する日の属する各課税期間については、免税事業者の取扱いの適用を受けない（消法12の4①）。

ここで高額特定資産とは、以下の資産の区分に応じて定められた金額が1,000万円以上のものをいう（消令25の5①）。

| 資産の区分 | 金額の判定基準 |
| --- | --- |
| 対象資産<br>（棚卸資産及び調整対象固定資産） | その対象資産の一の取引の単位に係る課税仕入れに係る支払対価の額又は保税地域から引き取られるその対象資産の課税標準である金額 |
| 自己建設資産 | 以下の金額の合計額[32]<br>・その自己建設資産の建設等に要した課税仕入れに係る支払対価の額の100/110に相当する金額<br>・特定課税仕入れに係る支払対価の額<br>・保税地域から引き取られる課税貨物の課税標準である金額 |

---

31 自己建設高額特定資産については、その建設等に要した仕入れ等に係る支払対価の額の累計額が1,000万円以上となった日をいう（消令25の5②）。

32 その自己建設資産の建設等のために要した原材料費及び経費に係るものに限り、免税事業者となる課税期間又は簡易課税制度の適用を受ける課税期間中に行われた課税仕入れ等に係るものを除く。

### 8 法人課税信託の受託者に関する納税義務の免除の特例

法人である事業者が法人課税信託の受託者である場合には、各法人課税信託の信託資産等及び固有資産等ごとに、それぞれ別の者とみなして消費税法の規定が適用される（消法15①）。各法人課税信託の信託資産等及び固有資産等は、その「みなされた者」に帰属するものとされる（消法15②）。

その上で、法人課税信託の受託者についてその法人課税信託に係る固有資産等が帰属するとみなされる者（固有事業者）は、その課税期間に係る基準期間における課税売上高の計算上、各法人課税信託の信託事業に係る課税売上高を合計して判定することとされる（消法15④）。

## 3 中小事業者向けの特例

### 1 簡易課税制度

簡易課税制度とは、仕入れに係る消費税額について、課税売上に係る消費税額に対して事業の区分に応じた「みなし仕入率」（次ページ表参照）を乗じた金額によって計算することができる制度である[33]（消法37①一）。

なお、2以上の事業を有する場合のみなし仕入率の調整計算（消令57②）についての説明は割愛する。

この規定を適用するためには、「消費税簡易課税制度選択届出書」を事業者の納税地を所轄する税務署長に提出する必要があり、その提出日の属する課税期間の翌課税期間[34]から適用される。

この届出書を提出した事業者は、事業を廃止した場合を除き、その提出日の属する課税期間の翌課税期間の初日から2年を経過する日の属する課税期間の初日以後（課税期間が1年のケースで3期目以後）でなければ、こ

---

33 この他に、特定課税仕入れに係る消費税額も加算される（同項2号）。

34 提出日の属する課税期間が事業を開始した日の属する課税期間その他一定の課税期間に該当する場合には、その課税期間から有効となる。

**■事業の区分ごとのみなし仕入率（消令57①⑤）**

| 事業の区分 | 事業の種類 | みなし仕入率 |
|---|---|---|
| 第一種事業 | 卸売業 | 90% |
| 第二種事業 | 小売業 | 80% |
| 第三種事業 | 農業、林業、漁業、鉱業、建設業、製造業（製造小売業を含む）、電気業・ガス業・熱供給業及び水道業 | 70% |
| 第四種事業 | その他の事業 | 60% |
| 第五種事業 | 運輸通信業、金融業及び保険業、サービス業（飲食店業に該当するものを除く） | 50% |
| 第六種事業 | 不動産業 | 40% |

の適用を取りやめるための届出書（消費税簡易課税制度選択不適用届出書）の提出をすることができない（消法37⑥）。

　このほか、課税事業者である間に調整対象固定資産又は高額特定資産の仕入れ等を行っている事業者については、その仕入れ等の日の属する課税期間の初日から同日以後3年を経過する日の属する課税期間の初日の前日までの期間（課税期間が1年のケースで3期間）は、消費税簡易課税選択届出書の提出をすることができない（消法37③）。

## ［2］ 災害があった場合等の中小事業者の仕入税額控除の特例

　本制度は、簡易課税制度の選択届出の手続に係る特例的な取扱いを定めたものである。

　災害その他やむを得ない理由が生じたことにより被害を受けた事業者（免税事業者及び既に簡易課税制度の適用を受けている事業者を除く）が、その被害を受けたことにより、その被災した日の属する課税期間[35]（選択被災課税期間）につき簡易課税制度の適用を受けることが必要となった場合には、納

---

35　基準期間における課税売上高が5,000万円を超える課税期間及び分割等に係る課税期間を除く。

税地の所轄税務署長に対して「災害等による消費税簡易課税制度選択届出に係る特例承認申請書」を提出してその承認を請けたときは、その事業者は「消費税簡易課税制度選択届出書」をその選択被災課税期間の初日の前日にその税務署長に提出したものとみなす（消法37の2①）。

　この場合においては、上記 $\boxed{1}$ における調整対象資産又は高額特定資産の仕入れ等を行っている事業者に対する提出制限（消法37③）の適用が及ばない。

# 第3節　事業承継税制（租税特別措置法・中小企業経営承継円滑化法）

## 1　事業承継税制制定の経緯

　かねて経営者の高齢化や後継者不足の問題が深刻化する中で、中小企業における経営の円滑化を図り、中小企業の事業活動の継続に資することを目的として、平成20年5月に「中小企業における経営の承継の円滑化に関する法律（中小企業経営承継円滑化法）」が制定された。

　この中では、円滑な事業承継の実現のため、以下の措置が講じられている。

---

・遺留分に関する民法の特例（本書では割愛する）
・事業承継時における金融支援措置（本書では割愛する）
・事業承継税制の前提となる仕組みの整備

---

　これを踏まえ、平成21年度の税制改正によって「事業承継税制」が創設された。その主なものが、非上場株式等についての贈与税又は相続税の納税猶予及び免除の制度である（平成30年度の税制改正で特例措置を創設）。

　なお本書では、事業承継税制の詳細な説明については割愛する。

## 2　非上場株式等についての相続税の納税猶予及び免除の特例

　後継者である相続人等が、中小企業経営承継円滑化法の認定を受けている一定の**中小企業**（認定承継会社）の株式等（**非上場株式**等）を先代経営者か

ら相続等によって取得した場合において、その非上場株式等に係る相続税について、一定の要件の下でその納税が猶予され、さらに後継者の死亡等があった場合にはその納税が免除される制度である（措法70の7の2①⑯）。

本制度には「一般措置」と「特例措置」の2つの制度があり、その主な相違点は下表の通りである。

| | 一般措置<br>（措法70の7の2） | 特例措置<br>（措法70の7の6） |
|---|---|---|
| 対象となる株式の数 | 総株式数の最大3分の2まで（同①） | 総株式数の全部（同①） |
| 納税猶予割合 | 対象非上場株式等の課税価格の80％相当額に対応する相続税額（同②五） | 対象非上場株式等の課税価格に対応する相続税額（同②八） |
| 事前の計画策定等 | 不要 | 平成30年4月1日から令和5年3月31日までの間に、特例承継計画の提出が必要 |
| 適用期限 | なし | 平成30年1月1日から令和9年12月31日まで |

## 3　非上場株式についての贈与税の納税猶予及び免除の特例

後継者である受贈者が、中小企業経営承継円滑化法の認定を受けている一定の中小企業（認定贈与承継会社）の株式等（非上場株式等）を先代経営者から贈与によって取得した場合において、その非上場株式等に係る贈与税について、一定の要件の下でその納税が猶予され、さらに後継者の死亡等があった場合にはその納税が免除される制度である（措法70の7①⑮）。

本制度には「一般措置」と「特例措置」の2つの制度があり、その主な相違点は次ページ表の通りである。

|  | 一般措置<br>（措法70の７） | 特例措置<br>（措法70の７の５） |
|---|---|---|
| 対象となる株式の数 | 総株式数の最大３分の２まで（同①） | 総株式数の全部（同①） |
| 納税猶予割合 | 対象受贈非上場株式等の課税価格対応する贈与税額（同②五） | 対象受贈非上場株式等の課税価格に対応する相続税額（同②八） |
| 事前の計画策定等 | 不要 | 平成30年４月１日から令和５年３月31日までの間に、特例承継計画の提出が必要 |
| 適用期限 | なし | 平成30年１月１日から令和９年12月31日まで |

# 第**4**節　中小企業等経営強化法

## 1　法律の目的

　中小企業等経営強化法は、人口減少、少子高齢化の進展や国際競争の激化、人手不足など、中小企業・小規模事業者等を取り巻く事業環境が厳しさを増しており、足元では生産性が低迷し人材確保や事業の持続的発展に懸念が存在しているという認識のもと、中小企業・小規模事業者等が労働の供給制約等を克服し、海外展開等も含めた将来の成長を果たすためには生産性の向上（経営力の向上）を図ることが必要であるとして、中小企業等の経営力を向上させるための取組みを支援するために制定された法律である。

## 2　基本方針

　経済産業大臣は、中小企業等の経営強化に関する方針（基本方針）を定めなければならないとされ（強化法3①）、次ページ表に掲げる事項が含まれる（同法3②）。

　本書では、これらの取組みのうち、法人税における租税特別措置との関連性の高い項目について説明を行うこととする。

**■基本方針に含まれる事項**

| 事　項 | 細　目 |
|---|---|
| 新たに設立された企業の事業活動の促進に関する事項 | 新規中小企業の事業活動の促進に関する事項 |
| | 社外高度人材活用新事業分野開拓に関する事項 |
| 中小企業等の経営革新及び経営力向上に関する事項 | 経営革新に関する事項 |
| | 経営力向上に関する事項 |
| | 経営革新及び経営力向上の支援体制の整備に関する事項 |
| 中小企業の事業継続力強化に関する事項 | 単独で行う事業継続力強化の内容に関する事項 |
| | 連携して行う事業継続力強化の内容に関する事項 |
| 中小企業の新たな事業活動の促進のための基盤整備に関する事項 | 新技術を利用した事業活動の支援に関する事項 |
| | 次に掲げる事項につき、事業環境整備構想の指針となるべきもの<br>・新事業支援体制の整備に関する事項<br>・高度技術産学連携地域の活用に関する事項 |

## 3　経営力向上に係る事業分野別指針と経営力向上計画の策定

　経済産業大臣は、その所管に係る事業分野のうち、特定事業者等の経営力向上が特に必要と認められる事業分野を指定し、その事業分野に係る経営力向上に関する指針（事業分野別指針[36]）を定めることができる（強化法16①）。なお、特定事業者の定義については第3章第5節 3 を参照されたい。

　**特定事業者等**は、事業分野別指針（または基本方針）[37]を踏まえて所定の事項を記載した「経営力向上計画」を策定し、これを経済産業大臣に提出し

---

[36] 詳細は中小企業庁ホームページ（https://www.chusho.meti.go.jp/keiei/kyoka/kihonhoushin.html）を参照されたい。

[37] 事業分野別指針が策定されている事業分野については、その指針を踏まえて策定する必要がある。

てその計画が適当である旨の認定を受けることができる（同法17①）。

　経営力向上計画には、次に掲げる事項を記載しなければならない（同法17②）。

---

- ・経営力向上の目標
- ・経営力向上による経営の向上の程度を示す指標
- ・経営力向上の内容及び実施時期（事業承継等を行う場合にあっては、その実施時期を含む）
- ・経営力向上を実施するために必要な資金の額及び調達方法
- ・経営力向上設備等の種類

---

## 4　認定経営力向上計画に対する支援措置

　経営力向上計画の認定を受けた特定事業者等は、以下のような支援措置を受けることができる。

---

- ・中小企業経営強化税制の適用（措法42の12の4）
- ・計画に基づく事業に必要な資金繰りの支援（融資・信用保証等）
- ・認定事業者に対する補助金における優先採択
- ・他社から事業承継等を行った場合、不動産の権利移転に係る登録免許税及び不動産取得税の軽減（措法80③）
- ・業法上の許認可の承継を可能にする等の法的支援（強化法27）

## 第**5**節　コロナ対策

### 1　概要

　令和2年初頭より、新型コロナウイルス感染症の拡大の影響で我が国の経済は深刻な影響を受けるとともに、新たな生活様式への移行を余儀なくされている。特に、緊急事態宣言発令期間中の休業要請は経済活動を強制的に停止させるものであり、倒産も多発するなど負の影響が深刻である。

　そのような中、国や地方自治体からは様々な対策措置が講じられており、少しでも経済活動への負の影響を緩和させることが期待されているところである。これらの措置は時限的なものであるとはいえ、中小企業にとっては大きな支援となる。

### 2　支援措置の内容

　執筆日現在では、経済産業省（中小企業庁）から主に次ページ表のような支援措置が公表されている[38]。

---

38 現時点で利用可能なコロナ対策関連給付金等の情報については、独立行政法人中小企業基盤整備機構が運営するJ-net21（https://j-net21.smrj.go.jp/）や、経済産業省（中小企業庁）が運営するミラサポプラス（https://mirasapo-plus.go.jp/）を参照されたい。

| 分野 | 支援措置の内容 |
|---|---|
| 給付金関連 | 一時支援金 |
| 補助金関連 | 中小企業等事業再構築補助金<br>・中小企業（通常枠、卒業枠）<br>・中堅企業（通常枠、グローバルＶ字回復枠） |
| | ものづくり補助金（低感染リスク型ビジネス枠） |
| | 持続化補助金（低感染リスク型ビジネス枠） |
| | IT導入補助金（低感染リスク型ビジネス枠） |
| 資金繰り支援<br>（主要なもの） | ・セーフティネット貸付<br>・コロナ特別貸付（日本政策金融公庫及び沖縄振興開発金融公庫）<br>・コロナ対策マル経融資（同上）<br>・特別利子補給制度（同上）<br>・危機対応融資（商工組合中央金庫）<br>・セーフティネット貸付（日本政策金融公庫及び沖縄振興開発金融公庫）<br>・セーフティネット保証（４号・５号）（民間金融機関、信用保証協会）<br>・危機関連保証（同上） |

## 3　支援措置の対象となる法人

　これらの支援策の対象となる中小企業は、基本的には**中小企業基本法に定める中小企業者及び小規模企業者**である。ただし、支援措置の内容によって、対象となるための要件が追加されていることもあるため、具体的な支援措置ごとに確認する必要がある。

# 第3章

# 中小企業の範囲

# 第1節　法人税関係における中小企業

## 1　中小法人等（法人税法）

### 1　中小法人の定義

　法人税法では中小企業のことを「中小法人」と称し、中小法人以外に同一制度の適用対象となる法人とあわせて「中小法人等」と総称することがあるが、法人税法第2条（定義）において「中小法人」についての規定は存在しない。すなわち、法人税法における中小法人の統一的な定義は存在しないということである。

　そこで以下では、各種制度において個別に規定されている「中小法人等」の範囲について説明する。なお、その中に出てくる「みなし大企業」の内容については、本節の 4 で説明する。

### 2　各種制度における「中小法人等」の範囲

[1]　貸倒引当金（個別評価金銭債権）

　本制度の適用対象となる「中小法人等」は、以下のように規定されている（法法52①一）。

○中小法人
　…普通法人（投資法人及び特定目的会社を除く）のうち、以下のいずれかに該当するもの
　・各事業年度終了の時における資本金の額（出資金の額）が1億円以下であるもの（みなし大企業を除く）

> ・資本（出資）を有しないもの
> ○公益法人等又は協同組合等
> ○人格のない社団等

■**貸倒引当金制度における「中小法人等」**

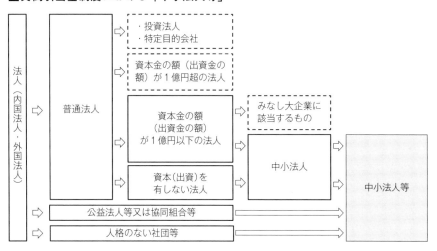

　このほか、租税特別措置法においても、中小企業者等に対する貸倒引当金の特例（措法57の9）が定められているが、これについては103ページを参照されたい。

[2] 青色申告書を提出した事業年度の欠損金の繰越し

　本制度の適用対象となる「中小法人等」は、以下のように規定されている（法法57⑪一）。

> ○中小法人
> 　…普通法人（投資法人、特定目的会社及び法人課税信託の受託法人を除く）のうち、以下のいずれかに該当するもの
> 　・各事業年度終了の時における資本金の額（出資金の額）が1億円以下であるもの（みなし大企業を除く）

　・資本（出資）を有しないもの（保険業法に規定する相互会社を除く[1]）

○公益法人等又は協同組合等

○人格のない社団等

**■青色欠損金の繰越し制度における「中小法人等」の範囲**

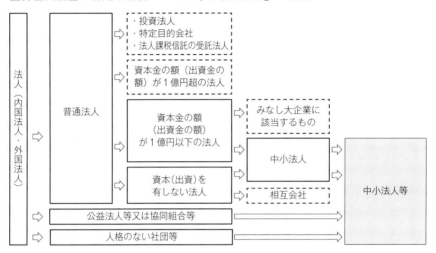

## 3　特定同族会社の特別税率（留保金課税）

　本制度は内国法人である特定同族会社（清算中のものを除く）を適用対象とするものであるが、資本金の額（出資金の額）が1億円以下の法人については、以下に該当するものにのみ適用される（法法67①）。

　・みなし大企業に該当するもの

　・投資法人・特定目的会社

---

1　外国法人の恒久的施設帰属所得に係る所得の金額の計算にあたり、青色申告書を提出した事業年度の欠損金の繰越し制度を適用する場合における中小法人等の範囲について、「資本（出資）を有しないもの」には、保険業法に規定する外国相互会社は含まれないものとされる（法令184①十六ハ）。

# 2　中小企業者等

## 1　「中小企業者」と「等」

　租税特別措置法では中小企業のことを「中小企業者」と称し、各種の租税特別措置の適用対象として範囲を調整したものを「中小企業者等」と称している。「中小企業者」という用語は、法人税法における「中小法人」とは異なる租税特別措置法固有の概念である。

　しかし、租税特別措置法第2条（用語の意義）において「中小企業者」の規定が存在しないことから、法人税法における「中小法人」と同様、租税特別措置法における「中小企業者」の統一的な定義も存在しないことを確認することができる。

　したがって「中小企業者等」の定義（範囲）は、租税特別措置ごとに異なるものと理解しなければならないが、多くの場合、研究開発税制の「中小企業者」の定義を共通項として、これに制度ごとの政策的な考慮を踏まえて範囲を個別に修正する方法によっていることがわかる。

　すなわち、中小企業者等の範囲を理解する上では、

---

・中小企業者
・等

---

の2つに分けて、その内容を各種の特別措置ごとに確認していくことが必要となる。

**■代表的な「中小企業者等」の枠組み**

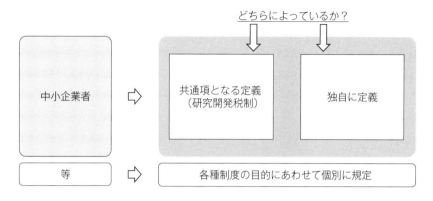

## 2 共通項となる中小企業者の定義

　共通項としての「中小企業者」の定義は、研究開発税制において示されている。

　すなわち「中小企業者」とは、以下のいずれかの法人[2]をいう（措法42の4⑧七、措令27の4㉑）。

---

　・資本金額（出資金額）が1億円以下の法人のうち、**みなし大企業**以外の法人

　・資本（出資）を有しない法人のうち、常時使用する従業員の数が1,000人以下の法人

---

2　租税特別措置法においては、単に「法人」という用語を用いて中小企業者の範囲を定めている。法人税法及び租税特別措置法において、「法人」という用語そのものについての定義規定は存在しないことから、法人税に係る租税特別措置の適用対象となる法人（公益法人等、協同組合等、普通法人。法法2二～七、九）を対象とするものと解される。なお、人格のない社団等は法人ではないが（法法2八）、収益事業を行う場合に法人税の納税義務を負うことから、租税特別措置法の適用上は「法人」に含まれることとした上で（措法42の3の2①、42の4①、措令27の4②二）、これを「資本（出資）を有しない法人」として取り扱われている（措通42の4(3)-4）。

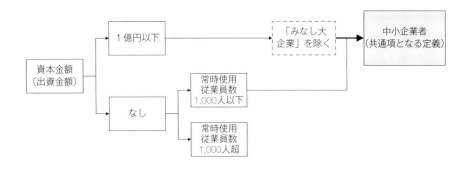

## 3 「等」の定義

研究開発税制では、「中小企業者等」の定義を以下のように示している。

> **（中小企業者等の定義）**
>
> 「中小企業者（適用除外事業者に該当するものを除く）」又は「農業協同組合等[3・4]」で、青色申告書を提出するものをいう（措法42の4④）。

---

3　農業協同組合等には以下のものが含まれる（措法42の4⑧九）。
　　・農業協同組合及び農業協同組合連合会
　　・中小企業等協同組合
　　・出資組合である商工組合及び商工組合連合会
　　・内航海運組合及び内航海運組合連合会
　　・出資組合である生活衛生同業組合
　　・漁業協同組合及び漁業協同組合連合会
　　・水産加工業協同組合及び水産加工業協同組合連合会
　　・森林組合及び森林組合連合会
4　農業協同組合等はそもそも「協同組合等」（法人税法別表第三に掲げる法人）に該当するものであり（措法2②一の四、法法2七）、出資金の額が1億円以下であれば中小企業者そのものに該当することとなる。すなわち、「等」として別途加えられている農業協同組合等は、実質的には、「中小企業者」に該当しない農業協同組合等（出資金の額が1億円を超えるもの）であると考えられる。

**■研究開発税制における中小企業者等の範囲**

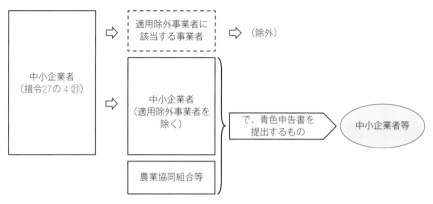

　このように、「中小企業者」と「中小企業者等」の範囲はかなり異なるものとなっている。「等」の一文字が追加されるだけで、単純に適用対象範囲が拡張されるわけではなく、逆に中小企業者から除外されるものも存在するのである。したがって、中小企業者等の範囲を理解する上では、特に「等」の範囲として何が含まれているのかを確認することが重要である。

　制度ごとの中小企業者等の範囲については、本章第2節において詳細に説明していく。

# 3 中小法人と中小企業者

　「中小法人」及び「中小企業者」のいずれの用語も、税法としての統一的な定義がない以上、これを正しく比較することは困難であるが、制度ごとに定められている定義に共通する特徴に着目して整理してみたい。

## 1 中小法人の定義における共通項

　本節 1 で取り上げた各制度の中小法人の定義について比較すると次ページ表のようになる。

|  | 貸倒引当金 | 青色欠損金の繰越し | 留保金課税の適用停止[5] |
|---|---|---|---|
| 普通法人であること | ○ | ○ | ○ |
| 公益法人等又は協同組合等であること | ○ | ○ | － |
| 人格のない社団等であること | ○ | ○ | － |
| 資本金の額（出資金の額）が1億円以下であること | ○ | ○ | ○ |
| 資本（出資）を有していないこと | ○ | ○ | － |
| 【除外法人】 |  |  |  |
| 外国法人 | － | － | ○ |
| 投資法人 | ○ | ○ | ○ |
| 特定目的会社 | ○ | ○ | ○ |
| 法人課税信託の受託法人 | － | ○ | － |
| みなし大企業 | ○ | ○ | ○ |
| 相互会社 | － | ○ | － |

　上表より、「中小法人」の特徴（要素）のうち複数（2つ以上）の制度に共通するものとして、以下のものを挙げることができよう。

- ・普通法人であること
- ・公益法人等又は協同組合等であること
- ・人格のない社団等であること
- ・資本金の額（出資金の額）が1億円以下であること
- ・資本（出資）を有していないこと
- ・「みなし大企業」「投資法人」「特定目的会社」が除外されること。

5　本表では、資本金の額（出資金の額）が1億円以下の法人のうち、本制度の適用対象に含まれない（適用停止とされる）ものを示している。

## 2　中小企業者の定義における共通項

本節 **2** **2** を参照されたい。

## 3　両者の比較

　以上を踏まえ、中小法人又は中小企業者の共通項となる要素に着目して、両者を比較すると下表のようになる。

| | 中小法人の<br>共通項 | 中小企業者の<br>共通項 |
|---|:---:|:---:|
| 普通法人であること | ○ | ○ |
| 公益法人等又は協同組合等であること | ○ | ○ |
| 人格のない社団等であること | ○ | ○ |
| 資本金の額（出資金の額）が1億円以下であること | ○ | ○ |
| 資本（出資）を有していないこと | ○ | △<br>（常時使用従業員数<br>1,000人以下） |
| 【除外法人】 | | |
| みなし大企業 | ○ | ○ |
| 投資法人 | ○ | － |
| 特定目的会社 | ○ | － |

　上表より、中小法人と中小企業者の共通点及び相違点については以下のようにまとめることができる。

〈共通点〉
・普通法人であること
・公益法人等、協同組合等又は人格のない社団であること
・資本金の額（出資金の額）が1億円以下であること
・資本（出資）を有していないこと

・みなし大企業を除外していること

〈相違点〉

① 除外法人の取扱い

　資本金の額（出資金の額）が１億円以下の投資法人[6]及び特定目的会社は中小法人から除外されるが、中小企業者には含まれる。

② 資本（出資）を有していない法人の取扱い

　中小企業者の範囲に含まれるのは、常時使用従業員数が1,000人以下のものに限られるのに対し、中小法人についてはそのような判定指標はない。

# 4 みなし大企業

## 1 はじめに

　中小法人及び中小企業者の範囲から除外される「みなし大企業」の定義は統一的に定められたものではなく、制度によって異なる。

　そこで本項では、制度ごとに異なる「みなし大企業」の範囲について説明する。なお、以下の説明における「大法人」は本節 5 、「大規模法人」は本節 6 にて詳細を説明する。

## 2 法人税法における「みなし大企業」

　法人税法において中小法人の範囲から除かれる「みなし大企業」とは、法人税法第66条第６項第２号又は第３号に掲げる法人をいい、その範囲は以下の通りである。

・**大法人**との間に、当該大法人による完全支配関係がある普通法人

・100％グループ内の複数の**大法人**に発行済株式（出資）の全部を保有され

---

6　投資法人の成立時の出資総額は少なくとも１億円以上であることが求められているから（投資信託及び投資法人に関する法律68②、同施行令57）、出資金の額が１億円ちょうどの投資法人のみが中小企業者となり得る。

> ている普通法人

　法人税法における「みなし大企業」の取扱いは、平成22年度の税制改正により「資本に関係する取引等に関する税制」の見直しが行われた際、「グループ法人税制」の導入とあわせて創設されたものである。

　もともと中小法人向けの取扱いは、『中小法人の脆弱な資金調達能力や零細な事業規模に対する政策的な配慮により設けられている』ものであったが、『大法人の100％子会社は、親会社の信用力を背景として資金調達や事業規模の拡大等が可能と考えられるほか、大法人は分社化により100％子会社を自由に設立することが可能であるため、グループとして活動しながら単体課税による中小特例のメリットを享受することができるといった問題点』が指摘されていたことから、『大法人との間に大法人による完全支配関係がある法人については、中小特例を適用しない』こととされたものである[7]。

## ③　租税特別措置法における「みなし大企業」

　租税特別措置法における中小企業者から除外される「みなし大企業」とは、以下のいずれかに該当する法人をいう（措令27の4㉑）。

> ・その発行済株式総数又は出資総額の2分の1以上が同一の**大規模法人**の所有に属している法人
> ・その発行済株式総数又は出資総額の3分の2以上が（複数の）**大規模法人**の所有に属している法人

　租税特別措置法における「みなし大企業」の定義は、法人税法における定義とは異なり、「大規模法人」による保有関係を考慮している点に特徴

---

がある。

　保有関係の判定は直接保有分のみで行われ、判定対象法人の自己株式又は自己出資は、その発行済株式又は出資から除外される（措令27の4㉑）。

　以上より、租税特別措置法における「中小企業者」及び「みなし大企業」の判定フローをまとめると、下図の通りとなる。

**■中小企業者判定フローチャート**

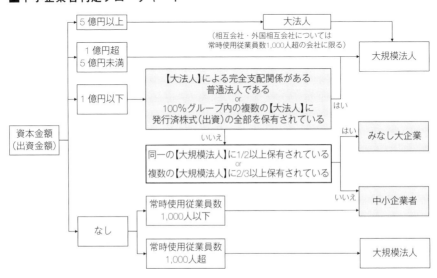

　なお、中小企業者の判定における「みなし大企業」の範囲については、令和元年度の税制改正において改正が行われ、法人税法における「みなし大企業」の範囲との整合性がおおむね図られたところである[8]。

# 5　大法人

## 1　法人税法における「大法人」の意義

　法人税法上の中小法人から除外される「みなし大企業」の判定において

---

8　詳細は本節「 6 大規模法人」を参照のこと。

保有関係を考慮することとなる「大法人」とは、次に掲げる法人をいう（法法66⑥二、法令139の6）。

---

・資本金の額（出資金の額）が5億円以上である法人
・相互会社（保険業法に規定する外国相互会社を含む）
・受託法人（法人課税信託の受託者である一定の法人）

---

### 2 租税特別措置法における「大法人」の意義

　租税特別措置法上の中小企業者から除外される「みなし大企業」の判定において保有関係を考慮することとなる「大規模法人」（後述）の中に含まれる「大法人」とは、次に掲げる法人をいう（措令27の4㉑一イ）。

---

・資本金の額（出資金の額）が5億円以上である法人
・保険業法に規定する相互会社及び外国相互会社のうち、常時使用する従業員の数が1,000人を超える法人
・受託法人（法人課税信託の受託者である一定の法人）

---

### 3 両者の相違点

　法人税法及び租税特別措置法上の「大法人」の範囲はほとんど同一であるが、租税特別措置法上の「大法人」に含まれる相互会社及び外国相互会社について、常時使用従業員数が1,000人超という要件が付されている点のみが異なる。

## 6　大規模法人

### 1 意義

　租税特別措置法上の中小企業者から除外される「みなし大企業」の判定において、保有関係を考慮することとなる「大規模法人」とは、以下のい

ずれかに該当する法人をいい、中小企業投資育成会社は除かれる（措令27の4㉑）。

---

- ・資本金の額（出資金の額）が1億円を超える法人
- ・資本（出資）を有しない法人のうち常時使用する従業員の数が1,000人を超える法人
- ・**大法人**との間に完全支配関係がある普通法人
- ・100％グループ内の複数の**大法人**に発行済株式（出資）の全部を保有されている普通法人

---

## 2 大規模法人の範囲の見直し（令和元年度税制改正）

　令和元年度の税制改正前、中小企業者の範囲から除外される「みなし大企業」の判定基礎となる「大規模法人」とされていたのは、資本金の額（出資金の額）が1億円超の法人か、資本（出資）のない法人のうち常時使用従業員数1,000人超の法人のいずれかに該当する法人のみであり、当該大規模法人との間に完全支配関係のある法人は含まれていなかった。

　そのため例えば、「大規模法人」の100％子会社の資本金を1億円以下とすれば、当該子会社は「みなし大企業」となるものの「大規模法人」には該当しないこととなるから、当該子会社より下の100％子会社（最上位の大規模法人から見れば孫会社以下）は再び「みなし大企業」に該当しないという不整合が生じていた（次ページ上図「不整合が生じる例①」参照）。

　また、租税特別措置法における「大規模法人」が資本金の額（出資金の額）1億円超の法人を対象としているのに対し、法人税法における「大法人」は資本金の額（出資金の額）5億円以上の法人を対象としていることから、親会社の資本金が1億円超5億円未満の場合、その100％子会社（資本金1億円以下）は、租税特別措置法上は「みなし大企業」に該当するが、法人税法上の「みなし大企業」には該当しないという不整合も生じていた（次ページ下図「不整合が生じる例②」参照）。

■**不整合が生じる例①**

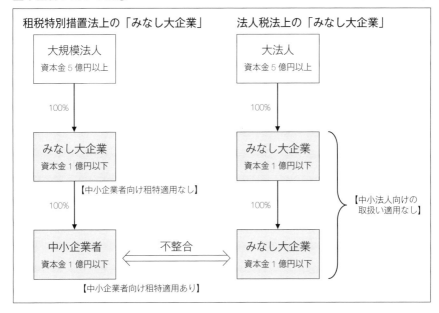

■**不整合が生じる例②**

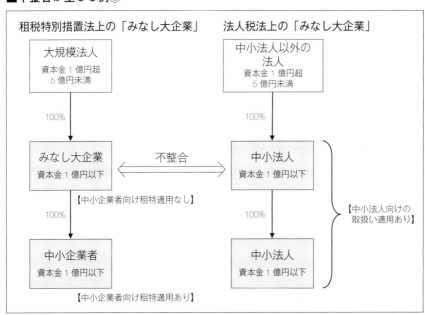

　このように、「大規模法人」と「大法人」の定義が異なっていた結果、「みなし大企業」の範囲について不整合が生じていたことから、これを是正するための税制改正に至ったものである。

　具体的には、租税特別措置法における「大規模法人」の範囲に以下の2つが追加された。

---

・大法人との間に完全支配関係がある普通法人
・100％グループ内の複数の大法人に発行済株式（出資）の全部を保有されている普通法人

---

　この改正により、大規模法人の範囲に「大法人」経由の法人群が加わったことによって、グループ法人税制の適用を受ける法人はすべて「大規模法人」に該当することとなり、法人税法上の規定との整合性が図られ、租税特別措置法上の「みなし大企業」の範囲も拡大されることとなった。

　これについては次ページ以降の例示で確認してみよう。

**■みなし大企業に該当する例①**

　改正前、子会社（資本金5,000万円）は「みなし大企業」に該当するものの「大規模法人」には該当しないことから、孫会社は「みなし大企業」に該当しなかった。

　改正によって、当該子会社は「大規模法人」に該当することとなった（大法人による完全支配関係がある普通法人）。これにより、孫会社は複数の大規模法人に発行済株式総数の70%（≧2/3）を保有されていることから、「みなし大企業」に該当することとなった。

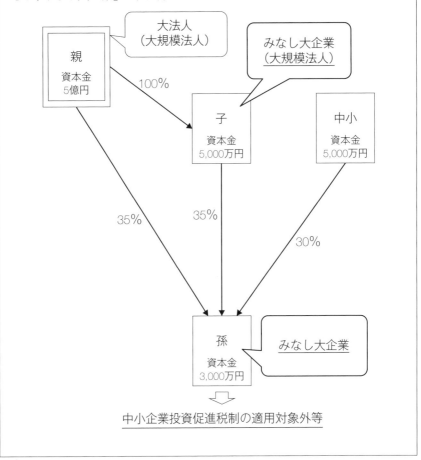

[出典] 財務省『令和元年度　税制改正の解説』464頁（66ページまで同様）

## ■みなし大企業に該当する例②

改正前、子会社（資本金3,000万円）は「みなし大企業」に該当するものの「大規模法人」には該当しないことから、孫会社は「みなし大企業」に該当しなかった。

改正によって、当該子会社は「大規模法人」に該当することとなった（大法人による完全支配関係がある普通法人）。これにより、孫会社は同一の大規模法人に発行済株式総数の50%を保有されていることから、「みなし大企業」に該当することとなった。

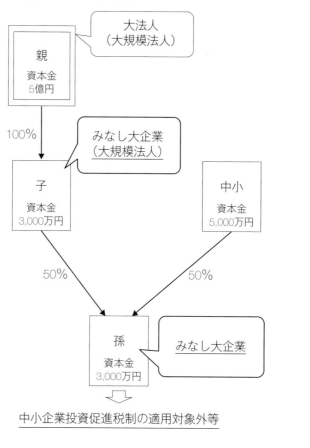

### ■みなし大企業に該当する例③

　改正前、子会社A（資本金3,000万円）及び子会社B（資本金5,000万円）は「みなし大企業」に該当するものの「大規模法人」には該当しないことから、孫会社C及びDは「みなし大企業」に該当しなかった。

　改正によって、当該子会社A及びBならびに孫会社C及びDも「大規模法人」に該当することとなった（大法人による完全支配関係がある普通法人）。これにより、曾孫会社（資本金3,000万円）も、複数の大規模法人に発行済株式総数の67％（≧2/3）を保有されていることから、「みなし大企業」に該当することとなった。

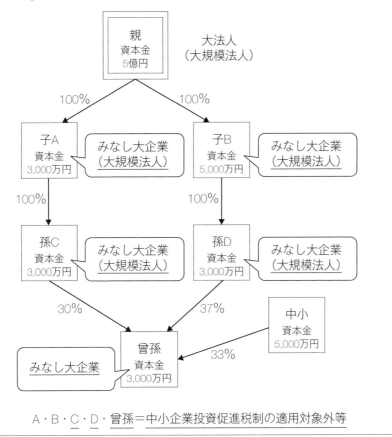

■みなし大企業に該当する例④

　改正前、孫会社（資本金3,000万円）は「みなし大企業」に該当するものの「大規模法人」には該当しないことから、曾孫会社（資本金3,000万円）は「みなし大企業」に該当しなかった。

　改正によって、当該孫会社は「大規模法人」に該当することとなった（大法人による完全支配関係がある普通法人）。これにより、曾孫会社（資本金3,000万円）も、同一の大規模法人に発行済株式総数の50％（≧1/2）を保有されていることから、「みなし大企業」に該当することとなった。

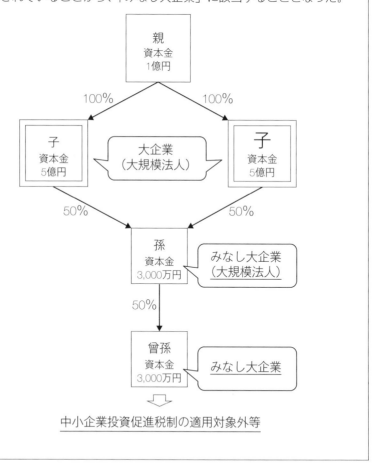

# 7　補論：「大企業」に関するその他の定め

若干本書の主題とは外れるが、「大企業」を対象とした規定について、税法以外の法律にも着目して紹介してみよう。

## 1　法人税法等における「特定法人」

令和2年4月1日以後開始事業年度より、一定の法人の提出する納税申告書（確定申告書及び中間申告書又はこれらに係る修正申告書）及びその添付書類（決算書、勘定科目内訳明細書、法人事業概況説明書等）については、電子申告システム（e-Tax及びeLTAX）を利用して提出しなければならないこととされた。

この対象となる法人を「特定法人」といい、以下の法人が含まれる（法法75の3②、消法46の2②、地法53㊼、72の32②、321の8㊸）。

---

①　その**事業年度開始の時**における資本金の額（出資金の額）が1億円を超える法人[9]

②　保険業法に規定する相互会社

③　投資法人（①に該当する法人を除く）

④　特定目的会社（①に該当する法人を除く）

⑤　国又は地方公共団体【消費税のみ】

---

特定法人の行う納税申告書等の申告は、電子申告システム内に備えられたファイルへの記録がされたときに税務署長、都道府県知事又は市町村長に到達したものとみなされる（法法75の3④、消法46の2④、地法53㊾、72の32④、321の8㊺）ため、紙によって納税申告書等を提出しても無申告として取り扱われることとなるので留意が必要である。

---

9　消費税法では、外国法人が除外されている。

ただし、電気通信回線の故障、災害その他の理由により電子申告システムによる提出が困難と認められる場合で、かつ、書面により納税申告書等を提出することができると認められる場合には、納税地の所轄税務署長の事前の承認を要件として、これを書面により提出することができる（例外的書面申告。法法75の4①、消法46の3①、地法53㊿、72の32の2①、321の8㊻）。

## ② 会社法上の「大会社」

会社法では、会社の規模に応じた機関設計を通じた適切な企業統治を実現する観点から、「大会社」についての定めを置いている。

大会社とは、次の要件をいずれかの要件に該当する株式会社をいう（会社法2六）。

> ・最終事業年度に係る貸借対照表に資本金として計上した額が5億円以上であること。
> ・最終事業年度に係る貸借対照表の負債の部に計上した額の合計額が200億円以上であること。

その上で、大会社には以下の義務が課せられている。

> ・公開会社[10]である大会社のうち、有価証券報告書提出義務のある会社に対する、社外取締役を設置することが相当でない理由の説明義務（会社法327の2）
> ・公開会社である大会社に対する監査役会及び会計監査人の設置義務（同法328①）
> ・公開会社でない大会社に対する会計監査人の設置義務[11]（同法328②）

---

10 公開会社とは、その発行する全部又は一部の株式について譲渡制限の定めを設けていない株式会社をいう（会社法2五）。これは企業規模とは無関係に、発行する株式の内容に応じて決まるものである。

11 会計監査人設置会社（監査等委員会設置会社及び指名委員会等設置会社を除く）は、監査

---

- ・業務の適正を確保するための体制（内部統制システム）の整備義務（同法348
  ④、362⑤）
- ・計算書類のうち損益計算書の公告義務（同法440①）
- ・大会社のうち有価証券報告書提出義務のある会社に対する、連結計算書
  類の作成義務（同法444③）

---

### 3 公認会計士法上の「大会社等」

　公認会計士法では、公認会計士又は監査法人の独立性を保持する観点か
ら、以下の「大会社等」から一定の業務[12]により継続的な報酬を受けてい
る場合には、その大会社等の財務書類等に対する監査証明業務を行うこと
が制限されている（会計士法24の２、34の11の２）。

　対象となる「大会社等」[13]とは、次ページ表のものをいう（同法24の２六、
34の11の２）。

---

　役を置かなければならないため（会社法327③）、結局は監査役（又は監査役会）及び会計
　監査人の設置が必要となる。

12　記帳代行業務、会計システムの整備・管理業務、現物出資財産等の証明又は鑑定評価業
　務、保険数理業務、内部監査の外部委託業務等（会計士法規則６）。

13　日本公認会計士協会の公表する「独立性に関する指針」では、公認会計士法上の大会社等
　に加えて、利害関係者が多数かつ多岐に及ぶような事業体についても、追加的に大会社等と
　同様に扱うかどうか検討することを推奨している（第１部26項）。例えば、次の要因を考慮
　して検討する。
　　・多数の利害関係者のために受託者の立場で資産を保有する事業を行うものなど（例：一
　　　定規模以上の信用金庫等の金融機関）
　　・規模
　　・従業員数

| 対象となる会社 | 除外されるもの |
|---|---|
| 会計監査人設置会社 | 最終事業年度に係る貸借対照表における資本金が100億円未満、かつ、負債総額が1,000億円未満の株式会社 |
| 金融商品取引法第193条の2第1項又は第2項の規定により監査証明を受けなければならない者 | 以下のいずれの要件を満たす者<br>・最終事業年度に係る貸借対照表における資本金が5億円未満、又は損益計算書による売上高（あるいは直近3年間に終了した各事業年度に係る平均売上高）が10億円未満<br>・最終事業年度に係る貸借対照表における負債総額が200億円未満 |
| | 特定有価証券（金商法5①）の発行者であって、以下のいずれの要件にも該当しない者<br>・特定有価証券以外の有価証券に関して、募集又は売り出しの届出（同法4①〜③）をしようとする者<br>・特定有価証券以外の有価証券に関して有価証券報告書を提出しなければならない者 |
| 銀行 | |
| 長期信用銀行 | |
| 保険会社 | |
| 信用金庫連合会 | |
| 労働金庫連合会 | |
| 信用協同組合連合会 | |
| 農林中央金庫 | |
| 独立行政法人 | |
| 国立大学法人及び大学共同利用機関法人 | |
| 会計監査人の監査を受けなければならない地方独立行政法人 | |

## 8　適用除外事業者

### 1　意義と沿革

　形式的には中小企業者に該当するものの、平均所得金額（基準年度の所得の金額の年平均額）が15億円を超える法人は「適用除外事業者」として、一定の租税特別措置の適用対象から除外されることとなった。

　この措置は平成29年度の税制改正によって創設されたものである。かつて、税務上の中小企業の分類を資本金の額のみで判断していた状況下において、会計検査院より、中小企業向け租税特別措置の適用状況の有効性・公平性に関する指摘（意見表示）があったことを契機として行われたものである。

　財務省『平成29年度　税制改正の解説』532頁〜533頁では、改正の経緯について以下のように説明されている（下線筆者）。

　　法人課税における中小法人（又は中小企業者）の範囲については、平成22年10月の会計検査院による意見表示やその後の税制調査会等において、資本金の額1億円以下を中小企業として一律に扱い、同一の制度を適用していることの妥当性について検討が必要と指摘されていました。

　（注1）　会計検査院の財務大臣・経済産業大臣に対する意見表示では、「多額の所得を得ていて財務状況が脆弱とは認められない中小企業者が、中小企業者に適用される特別措置の適用を受けている実態が見受けられたことから、財務省及び経済産業省において、地域経済の柱となり雇用の大半を担っている財務状況が脆弱な中小企業者を支援するという当該特別措置の趣旨に照らして有効かつ公平に機能しているかの検証を踏まえ、中小企業者に適用される特別措置の適用範囲について検討するなどの措置を講ずるよう意見を表示する」とされています。

　（注2）　政府の税制調査会の取りまとめた「平成26年6月　法人税の改革について」の「2．具体的な改革事項　(6)中小法人の範囲につ

いて」では、「企業規模を見る上での資本金の意義は低下してきて
おり、資本金基準が妥当であるか見直すべきである。仮に資本金
基準を継続する場合でも、中小法人に対する優遇措置の趣旨に鑑
みれば、真に支援が必要な企業に対象を絞り込むべきであり、１
億円という水準の引下げや、段階的基準の設置などを検討する必
要がある。特に会計検査院からの「多額の所得を得ながら中小企
業向け優遇税制を受けている企業が存在する」との指摘への対応
は必要である」とされています。

（注３）　平成27年度与党税制改正大綱において、「中小法人の実態は、
大法人並みの多額の所得を得ている法人から個人事業主に近い法
人まで区々であることから、そうした実態を丁寧に検証しつつ、
資本金１億円以下を中小法人として一律に扱い、同一の制度を適
用していることの妥当性について、検討を行う」とされ、平成28
年度与党税制改正対応において、「実態を丁寧に検証しつつ、資本
金１億円以下の法人に対して一律に同一の制度を適用しているこ
との妥当性について、検討を行う。資本金以外の指標を組み合わ
せること等により、法人の規模や活動実態等を的確に表す基準に
見直すことについて検討する」とされています。

　こうした中、平成29年度税制改正において、各方面から示された中小企
業税制に係る様々な問題意識を踏まえつつ、企業経営への影響も勘案し、
中小企業向けの租税特別措置については、特定の政策目的を推進する観点
から、財務状況の脆弱な中小企業に対して、特別に支援を行うものである
という点に鑑み、大法人並みの所得を超えて得ている中小企業を適用の対
象外とすることと整理されました。

　（注）　資本金１億円超の大法人のうち利益法人の10年間の平均所得金額
は、約15億円となっている一方、資本金１億円以下の中小企業のう
ち利益法人にあっては、10年間の平均所得金額は、10分の１程度の
約1,600万円となっています（会社標本調査（国税庁））。こうした現状
を踏まえ、中小企業の所得が大法人並みの所得である15億円を超え

　　る場合には、大法人と同等の所得を得ており、財務基盤が必ずしも
　　脆弱であるとはいえないことから、中小企業であることによる政策
　　的な税制上の支援等までは要しないものと考えられました。

## 2　適用が停止される租税特別措置

　中小企業者のうち適用除外事業者に該当するものは、以下の租税特別措置の適用を受けることができない。

---

- ・法人税の軽減税率の特例（措法42の3の2①）
- ・研究開発税制（中小企業技術基盤強化税制）（措法42の4④）
- ・中小企業投資促進税制（措法42の6①）
- ・地方拠点強化税制（オフィス減税）（措法42の11の3①、措令27の11の3）
- ・中小企業経営強化税制（措法42の12の4①）
- ・所得拡大促進税制（措法42の12の5②）
- ・法人税の額から控除される特別控除額の特例（措法42の13⑥）
- ・被災代替資産等の特別償却[14]（措法43の3①②）
- ・特定事業継続力強化設備等の特別償却（措法44の2①）
- ・中小企業事業再編投資損失準備金（措法55の2①）
- ・中小企業者等の貸倒引当金の特例（法定繰入率の適用）（措法57の9①）
- ・中小企業者等の少額減価償却資産の取得価額の損金算入の特例（措法67の5①）

---

## 3　平均所得金額の算定方法

　平均所得金額は、原則として次ページの算式により計算される（措法42の4⑧八）。

---

14　震災特例法に基づく特別償却は適用可能（同18①）。

$$\text{平均所得金額} \ = \ \frac{\text{各基準年度の}}{\text{所得の金額の合計額}} \ \times \ \frac{12}{\text{各基準年度の月数の合計数}}$$

「基準年度」とは、その租税特別措置を適用しようとする法人（判定法人）の当該事業年度（判定対象年度）開始の日前3年以内に終了した各事業年度をいう。

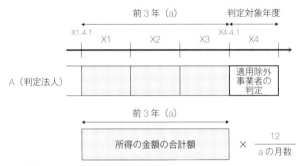

[出典] 財務省『平成29年度 税制改正の解説』535頁

また「所得の金額」は、各事業年度における法人税の課税所得の金額をいい、繰越欠損金控除後の金額を用いる（千円未満端数切り捨ての適用はない）。マイナスの所得金額（欠損金額）が生じた場合には、その事業年度の所得の金額はゼロとして取り扱われることとなる。

この点に関し、平均所得金額の計算に用いる所得の金額は正当額による必要があることから、例えば確定申告により確定した所得の金額が修正申告や更正により変更された場合には、その判定を改めて行う必要がある（措通42の4（3）-1の2）。

この結果、確定申告の段階では適用除外事業者に該当していたとしても、その後の修正申告や更正処分等により所得の金額が変更された結果として、適用除外事業者に該当しなくなることもあり得るし、その逆もある。

### 4　平均所得金額の調整計算

平均所得金額の算定式は、各基準年度の合計期間が3年（36月）以上あ

ることを前提としたものであり、これに該当しない一定の事由に該当する場合には、平均所得金額の計算にあたり一定の調整を加えることとされている。

　このような調整を設けたのは、法人設立や組織再編成等を伴う「法人の生まれ変わり」を利用した潜脱（基準期間や平均所得金額の操作）を防止し、制度の公平性と中立性を確保するためである。

　具体的には、一定の期間内に以下の事由に該当する場合には、平均所得金額の調整計算が必要とされる（措令27の4㉒）。複数の事由に該当する場合には、それらの中でも優先して適用されるものがあるので留意されたい。

---

(1)　設立後3年を経過していない法人（(3)又は(4)に該当する場合を除く）

(2)　欠損金の繰戻し還付の適用を受けた法人（(1)又は(3)～(5)に該当する場合を除く）

(3)　特定合併等に係る合併法人等に該当する法人（(4)～(6)に該当する場合を除く）

(4)　連結法人（(5)に該当する場合を除く）

(5)　公益法人等又は内国法人である人格のない社団等（(1)に該当し、かつ(3)又は(4)に該当しない場合を除く）

(6)　外国法人（(1)に該当し、かつ(3)に該当しない場合を除く）

---

　以下、それぞれの具体的な内容について説明する。

## ［1］設立後3年を経過していない法人

### ①　該当事由

　判定対象年度の開始の日において、判定法人の**設立の日の翌日から3年を経過していない**こと。ただし、判定法人が以下に該当する場合には、「設立の日」を次ページ表の通り読み替える必要がある（措令27の4㉒一）。

| 法　人 | 「設立日」の読替え |
|---|---|
| 公益法人等又は内国法人である人格のない社団等 | 新たに収益事業を開始した日 |
| 公益法人等（収益事業を行っていないものに限る）に該当していた普通法人又は協同組合等 | 当該普通法人又は協同組合等に該当することとなった日 |
| 外国法人 | 以下のいずれか早い日<br>・恒久的施設を有しない外国法人が恒久的施設を有することとなった日<br>・恒久的施設を有しないで一定の人的役務提供事業（法法138①四）を国内において開始し、又は恒久的施設を有しない外国法人に法人税が課税される国内源泉所得で人的役務提供事業に係る対価以外のものを有することとなった日 |

② **調整計算**

　平均所得金額はゼロとされる（措令27の4㉓一）。すなわち、設立後3年を経過していない法人は、適用除外事業者に該当しないということである。

　これは、『本制度の趣旨を踏まえ、一時の所得の金額を36月相当に引き延ばして判定するのではなく、丸36月分の所得の金額の実態によって判定すべきと考えられたから』[15]である。

[2] 欠損金の繰戻し還付の適用を受けた法人

① **該当事由**

　判定対象年度に係る各基準年度において、欠損金の繰戻し還付制度（法法80①）の適用があったこと（措令27の4㉒二）。

② **調整計算**

　以下のように計算される（措令27の4㉓二）。

---

15　財務省『平成29年度 税制改正の解説』536頁

$$\text{平均所得金額} = \left( \begin{array}{c} \text{各基準年度の} \\ \text{所得の金額の合計額} \end{array} - \begin{array}{c} \text{繰戻し還付を受けるべき金額の} \\ \text{計算の基礎となった欠損金額} \end{array} \right)$$
$$\times \frac{12\text{（月）}}{\text{各基準年度の月数の合計数}}$$

　これは、平均所得金額の算定基礎となる「所得の金額」には、繰越欠損金を控除した残額が用いられていることから、欠損金の繰戻し還付制度の適用による欠損金額の充当分も控除することとされたものである。

### [3] 特定合併等に係る合併法人等

#### ① 該当事由

　判定法人が「特定合併等」に係る「合併法人等」に該当すること（措令27の4㉒三）。

　ただし、以下の「みなし設立日」の規定の適用を受ける場合において、判定対象年度開始日において「みなし設立日」の翌日以後3年を経過していないこととなる判定法人を除く。

| 特定合併等の態様 | みなし設立日 |
|---|---|
| 法人を設立する特定合併等 | 当該特定合併等に係る被合併法人等のうち、その設立の日が最も早いものの設立の日 |
| 上記以外の特定合併等 | 当該特定合併等に係る被合併法人等の設立の日が、当該特定合併等に係る合併法人等の設立の日よりも早いとき<br>⇒当該被合併法人等の設立の日 |

　ここで「特定合併等」とは、合併、分割、現物出資、事業譲受け又は特別の法律に基づく承継（以下「合併等」という）であって、次のいずれかに該当するものをいう（措令27の4㉔一）。

○**法人を設立する合併等**で**事業を移転する**もののうち、基準日[16]から判定
対象年度開始の日までの間に行われるもの

○**合併法人との間に支配関係がある法人を被合併法人等とする合併等**で**事
業を移転する**もののうち、基準日から判定対象事業年度開始の日の前日
（合併にあっては、判定対象年度開始の日）までの間に行われるもの

○次に掲げる合併等で、基準日から判定対象年度終了の日までの間に行わ
れたもの

　・**法人が合併等の直前において事業を行っていない場合**[17]において、当
　　該合併等の日以後に事業を開始した又は開始することが見込まれてい
　　るとき[18]の当該合併等

　・**判定法人が合併等の直前において行う事業（旧事業）のすべてを当該合
　　併等の日以後に廃止した**又は廃止することが見込まれる場合において、
　　当該旧事業の当該合併等の直前における**事業規模**（注）のおおむね5
　　**倍を超える資金借入れ等**[19]を行った又は行うことが見込まれていると
　　きの当該合併等

　・**判定法人の合併等の直前の特定役員**[20]**のすべてが退任**[21]し、かつ、当該
　　合併等の直前において判定法人の業務に従事する使用人（旧使用人）の
　　**総数のおおむね20％以上に相当する数の者が判定法人の使用人でなく
　　なった場合**において、判定法人の非従事事業[22]の事業規模（注）が旧事
　　業の当該合併等の直前における事業規模のおおむね5倍を超えること
　　となった又は超えることとなることが見込まれているとき[23]の当該合

---

16　判定対象事業年度開始の日から起算して3年前の日（措令27の4㉒四）。

17　清算中の場合を含む。

18　清算中の当該法人が継続した又は継続することが見込まれているときを含む。

19　資金の借入れ又は出資による金銭その他の資産の受入れ（合併又は分割による資産の受入
　　れを含む）。

20　社長、副社長、代表取締役、代表執行役、専務取締役若しくは常務取締役又はこれらに準
　　ずる者で判定法人の経営に従事している者に限る。

21　業務を執行しないものとなることを含む。

22　旧使用人が当該合併等の日以後その業務に実質的に従事しない事業をいう。

23　当該非従事事業の事業規模がその事業規模算定期間の直前の事業規模算定期間における非

併等

(注)「事業規模」の算定方法は下表の通りである（法令27の4㉔五）。

| 事業の主な内容 | 事業規模の算定 |
|---|---|
| 資産の譲渡 | 事業規模算定期間[24]における当該資産の譲渡による売上金額その他の収益の合計額[25] |
| 資産の貸付け | 事業規模算定期間における当該資産の貸付けによる収入金額その他の収益の額の合計額[25] |
| 役務の提供 | 事業規模算定期間における当該役務の提供による収入金額その他の収益の額の合計額[25] |

　これらは合併等の前後で、合併法人等における事業実態を著しく変更するものであり、法人の実質的な生まれ変わりを伴う平均所得金額の操作を通じた本制度の潜脱を防止するために措置されたものと考えられる。

② **調整計算**

　以下のように計算される（措令27の4㉓三）。

従事事業の事業規模のおおむね5倍を超えないときを除く。

24　旧事業に係る事業の規模を算定する場合にあっては、判定法人の**合併等直前期間**（合併等の日の1年前の日から当該合併等の日までの期間をいう）又は**合併等直前事業年度等**（当該合併等の日を含む事業年度の直前の事業年度）をいい、非従事事業に係る事業の規模を算定する場合にあっては、**合併等以後期間**（合併等の日以後の期間を1年ごとに区分した期間）をいう。

25　合併等直前事業年度等又は合併等以後事業年度等が1年に満たない場合には、その合計額を当該事業年度等の月数で除し、これに12を乗じて計算した金額を用いる。

　もともと、合併等の前後で事業実態（及び事業規模）に著しい変更が生じると考えられるケースを「特定合併等」として定義していることからしても、特定合併等に係る合併法人等については、平均所得金額を各基準年度の単純平均として算出しても実態を適切に反映しない局面が考えられる。また、特定合併等の実施時期によっては、判定法人に3年間の基準年度が存在しない局面も考えられる。そこで平均所得金額の計算上、特定合併等に係る被合併法人等の所得の金額等についても考慮することとされたものである。

　すなわち、各基準年度の所得の金額の合計額から繰戻し還付を受けるべき金額の計算の基礎となった欠損金額を控除した金額（各基準年度の月数の合計数が36を超える場合には、その金額を各基準年度の月数の合計数で除し、これに36を乗じて計算した金額に補正する。以下本書では、補正後の金額を「補正所得金額」という）に「合併等調整額」を加味した金額を3で割ることによって平均所得金額を算出することとしたものである。

　ここで「合併等調整額」とは、当該特定合併等に係る被合併法人等の以下に掲げる金額を合計した金額をいい、その中に「加算調整額」の計算の基礎とされた金額がある場合には、これを除く（措令27の4㉓三ロ）。

---

パターンA．対象特定合併等に係る**修正基準期間内**に終了した**被合併等事業年度**の所得の金額の合計額

パターンB．対象特定合併等に係る被合併法人等のその対象特定合併等の日を含む設立事業年度の所得の金額から、繰戻し還付を受けるべき金額の計算の基礎となった欠損金額に相当する金額を控除した金額をその設立事業年度の月数で除し、これにその設立事業年度開始の日からその対象特定合併等の日の前日までの期間の月数を乗じて計算した金額

---

　「パターンA」「パターンB」及び「加算調整額」の詳細については83ページ以降で説明することとして、まずは、合併等調整額の算定における

「修正基準期間」、「被合併等事業年度」及び「対象特定合併等」の内容について整理しておこう。

「修正基準期間」とは、判定対象年度の開始日又は対象特定合併等の日のいずれか遅い日から起算して3年前の日（修正基準日）から、対象特定合併等の日の前日までの期間をいう。合併等調整額の算定にあたっては、この「修正基準期間」内に終了する被合併法人等の各事業年度が含まれる、ということである。

ここで、修正基準期間内に終了する被合併法人等の各事業年度がない場合（その対象特定合併等が合併以外のものである場合に限る）、又はその各事業年度の月数の合計数がその修正基準期間の月数に満たない場合には、その被合併法人等のその修正基準日を含む事業年度開始の日前1年以内に終了した各事業年度を含むこととされる。これらの各事業年度を含む、被合併法人等の各事業年度を総称して「被合併等事業年度」という。

また、修正基準期間内に複数の特定合併等が行われている場合、それらの特定合併等に係る被合併法人等の各事業年度はすべて、合併等調整額の算定に含めることとなる。逆説的ではあるが、「対象特定合併等」とは、特定合併等のうち、判定法人（特定合併等に係る合併法人等）の組成に関連するものとして、それらに係る被合併法人等の各事業年度を合併等調整額の算定にあたり合算することとなるもの[26]をいう（次ページ図参照）。

---

26　条文上は以下のように規定されている（措令27の4㉔四）。

> 対象特定合併等　次に定めるところにより特定合併等に係る被合併法人等の事業年度（当該被合併法人等の事業年度が連結事業年度に該当する場合には、当該被合併法人等の連結事業年度）を当該特定合併等に係る合併法人等の事業年度とみなしたならば判定法人の事業年度とみなされることとなる事業年度（当該被合併法人等の事業年度が連結事業年度に該当する場合には、当該被合併法人等の連結事業年度）を有する各被合併法人等のそのみなされることとなった基因となった特定合併等をいう。
> イ　特定合併等が行われた場合には、当該特定合併等に係る被合併法人等の当該特定合併等の日（合併にあっては、合併の日の前日。以下この号において同じ。）以前に開始した各事業年度（当該特定合併等の日以前に開始した事業年度が連結事業年度に該当する場合には、当該特定合併等の日以前に開始した連結事業年度）を当該特定合併等に係る合併法人等の事業年度とみなす。

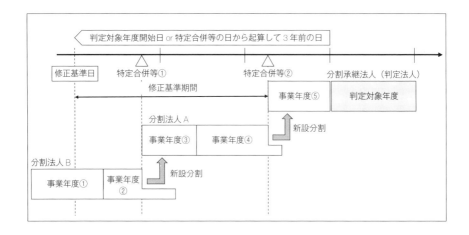

　上図は、判定法人が過去において2回の新設分割を経て設立された場合を想定したものである。

　このとき、「対象特定合併等」に該当するのは「特定合併等①」及び「特定合併等②」であり、「被合併等事業年度」として所得の金額を集計する必要があるのは事業年度①〜事業年度④ということになる。

　次に「合併等調整額」の算定方法について説明するが、次ページ図の通り、2つのパターンによる計算が必要となる。

ロ　イ又はハの合併法人等を被合併法人等とする特定合併等が行われた場合には、当該特定合併等に係る被合併法人等の当該特定合併等の日以前に開始した各事業年度（当該特定合併等の日以前に開始した事業年度が連結事業年度に該当する場合には、当該特定合併等の日以前に開始した連結事業年度）を当該特定合併等に係る合併法人等の事業年度とみなす。

ハ　ロの合併法人等を被合併法人等とする特定合併等が行われた場合には、当該特定合併等に係る被合併法人等の当該特定合併等の日以前に開始した各事業年度（当該特定合併等の日以前に開始した事業年度が連結事業年度に該当する場合には、当該特定合併等の日以前に開始した連結事業年度）を当該特定合併等に係る合併法人等の事業年度とみなす。

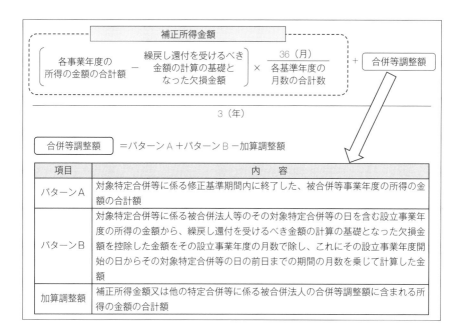

## ●パターンA

　まずは判定法人における「修正基準期間」を確定し、その期間内に終了した被合併等事業年度を確定させる。複数の特定合併等が行われている場合には、「対象特定合併等」の範囲を確定させた上で、対象となる被合併等事業年度の所得の金額を合計する。

　被合併等事業年度の月数が修正基準期間の月数を超える場合には、その所得の金額の合計額を被合併等事業年度の月数で除し、これにその修正基準期間の月数を乗じて計算した金額とする。

　計算のイメージは次ページ図の通りである。

■**参考１：パターンＡのイメージ**（修正基準期間の月数≦修正基準期間内に終了した被
　　　　　合併法人等の各事業年度の月数の合計数の場合）

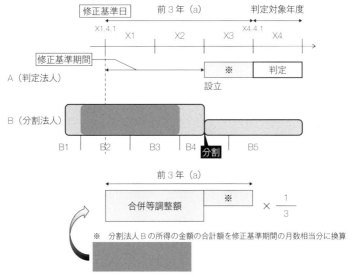

[出典] 財務省『平成29年度　税制改正の解説』544頁

　この例では、修正基準期間内に終了する被合併法人等（分割法人）の事
業年度は、Ｂ２及びＢ３である。それらの事業年度の月数の合計数は修正
基準期間の月数以上であり、被合併等事業年度の補正は不要と仮定する。

　合併等調整額は、その事業年度（Ｂ２及びＢ３）の所得の金額を合計した
上で、その合計額を修正基準期間の月数相当額に換算して算出することと
なる。

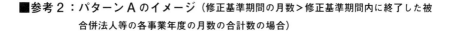

■**参考2：パターンＡのイメージ**（修正基準期間の月数＞修正基準期間内に終了した被合併法人等の各事業年度の月数の合計数の場合）

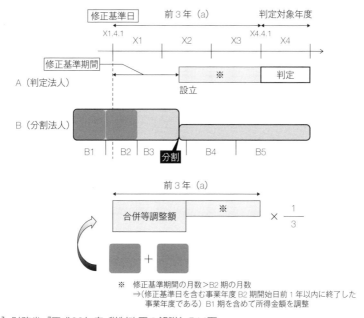

※　修正基準期間の月数＞B2期の月数
　　⇒（修正基準日を含む事業年度 B2 期開始の日前 1 年以内に終了した
　　　事業年度である）B1 期を含めて所得金額を調整

［出典］財務省『平成29年度 税制改正の解説』544頁

　この例では、修正基準期間内に終了する被合併法人等（分割法人）の事業年度はＢ２のみである。その事業年度の月数が修正基準期間の月数に満たない場合、修正基準日を含む事業年度（Ｂ２）の開始の日前１年以内に終了した各事業年度としてＢ１も考慮し、被合併等事業年度はＢ１及びＢ２となる。

　合併等調整額は、その事業年度（Ｂ１及びＢ２）の所得の金額を合計した上で、被合併等事業年度の月数の合計数が修正基準期間の月数を超える場合には、その合計額を修正基準期間の月数相当額に換算して算出することとなる。

## ●パターンＢ

　このパターンは、対象特定合併等に係る被合併法人等の設立事業年度（判定対象年度終了の日以前に終了するものに限る）においてさらなる対象特定合併等が行われた場合に、その対象特定合併等の日を含む事業年度の所得の金額を調整金額とするものであり、実際には、合併以外の対象特定合併等が行われる場合に適用されることとなる。

　パターンＡでは、対象特定合併等が**合併以外の場合**には、その対象特定合併等の日を含む事業年度の所得の金額は原則として調整の対象外とされている（**参考１**のＢ４、**参考２**のＢ３）[27]。調整は修正基準期間中に終了した事業年度を対象とするが、修正基準期間は「特定合併等の日の前日」までとされていることから、（合併日の前日でみなし事業年度が設定される）合併以外の対象特定合併等については、その日を含む事業年度全体が修正基準期間に含まれないこととなるからである。

　このため、設立事業年度において期中分割等を繰り返す場合には、パターンＡによる調整計算が機能しないこととなる。パターンＢは、本制度の潜脱を防止する観点から、「期中の新設分割等を繰り返すような対象特定合併等に係る被合併等事業年度の所得の金額を調整対象とすることとされたもの」[28]である。

　このときの合併等調整額は、その被合併法人等の設立事業年度の所得の金額から繰戻し還付を受けるべき金額の計算の基礎となった欠損金額を控除した金額（補正所得金額）をその設立事業年度の月数で除し、これにその設立事業年度開始の日からその対象特定合併等の日の前日までの期間の月数を乗じて計算した金額となる。

---

27　合併の場合、被合併法人は合併日において解散するため「合併の日を含む事業年度」が存在しない。

28　財務省『平成29年度　税制改正の解説』545頁

■**参考：パターンBのイメージ**

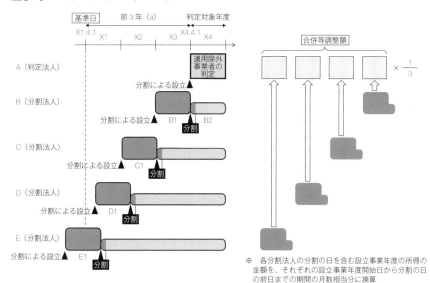

[出典] 財務省『平成29年度　税制改正の解説』545頁

　この例は、判定対象法人（A）が、基準日以降連続的に行われた新設分割によって設立されたケースを想定している。いずれの分割法人（B～E）も、分割等の日の前日までに終了する事業年度を有していないことから、パターンAの「修正基準期間」も存在しないこととなる。

　このように、対象特定合併等に係る被合併法人の設立事業年度においてさらなる特定合併等が生じている場合には、その特定合併等の日を含む設立事業年度の所得の金額を基礎として計算された金額を合併等調整額として考慮することとなる。

### ●加算調整額

　合併等調整額は、対象特定合併等に係る被合併法人等のそれぞれについて計算されることとなるため、複数の対象特定合併等が含まれている場合等においては、計算の重複を避けるため、既に加算調整の対象となった所得の金額を控除することとされている。

　具体的には、平均所得金額の計算における「補正所得金額」及び他の対象特定合併等に係る被合併法人等の合併等調整額の合計額をいう。

## ［4］連結法人に該当していた法人

### ①　該当事由

　判定法人が基準日（判定対象年度開始の日から起算して3年前の日）から判定対象年度開始の日の前日までのいずれかの時において連結法人に該当していたこと（措令27の4㉒四）。

　ただし、以下の「みなし設立日」の規定の適用を受ける場合において、判定対象年度開始日において判定法人を含む連結法人のすべてがその「みなし設立日」の翌日以後3年を経過していないこととなる判定法人を除く。

| 特定合併等の態様 | みなし設立日 |
| --- | --- |
| 法人を設立する特定合併等 | 当該特定合併等に係る被合併法人等のうち、その設立の日が最も早いものの設立の日 |
| 上記以外の特定合併等 | 当該特定合併等に係る被合併法人等の設立の日が、当該特定合併等に係る合併法人等の設立の日よりも早いとき<br>⇒当該被合併法人等の設立の日 |

### ②　調整計算

　以下のように計算される（措令27の4㉓四）。

$$平均所得金額 = \frac{補正所得金額 + 合併等調整額 + 加算対象連結所得金額}{3 \ (年)}$$

　ここで「加算対象連結所得金額」は、基準期間（基準日から判定対象年度開始の日の前日までの期間から、判定法人の連結事業年度に該当しない事業年度の期間を除いた期間）における「連結所得の金額」及び「期間中に離脱した他の

連結子法人の所得の金額」の合計額として計算される（下図参照）が、補正所得金額及び合併等調整額の計算の基礎とされた金額がある場合には、その金額を除くこととされている。

**■加算対象連結所得金額**

連結グループ全体の連結所得

基準年度のうち
連結事業年度に該当する
ものの連結所得の金額の
合計額

−

繰戻し還付を受けるべき
金額の計算の基礎と
なった連結欠損金額

×

基準期間の月数
─────────────
連結親法人事業年度の
月数の合計数

離脱した連結子法人の所得

基準期間中に離脱した連結子法人の
離脱直前事業年度の所得の金額

−

繰戻し還付を受けるべき
金額の計算の基礎となった欠損金額

　このように、加算対象連結所得金額は、判定法人の個別所得金額ではなく、連結所得の金額（グループ全体の所得金額）を用いて計算される点に特徴がある。これは、『所得の金額（連結所得の金額）の調整にあって、連結の解消・連結グループの離脱は、会社分割と同じであるべきと考えられたから』[29]である。

　計算のイメージは次ページ図の通りである。

<hr>

29　財務省『平成29年度　税制改正の解説』547頁

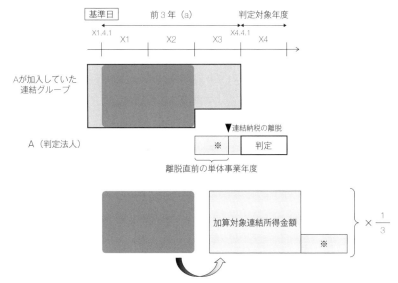

[出典] 財務省『平成29年度 税制改正の解説』548頁

　この例では、判定法人はＸ３年度中に連結グループから離脱している。判定対象年度に係る基準日はＸ１年４月１日となるから、そこから３年間のうち連結事業年度に該当する年度はＸ１年度及びＸ２年度ということになる（Ｘ３年度は、連結法人として単体申告を行うこととなり、その所得の金額は補正所得金額に含まれることとなる）。

　このとき、Ｘ１年度及びＸ２年度に係る連結所得の金額の合計額が「加算対象連結所得金額」として加味されることとなる。

### ［5］公益法人又は内国法人である人格のない社団等に該当していた法人
#### ①　該当事由

　判定法人が基準日（判定対象年度開始の日から起算して３年前の日）から判定対象年度開始の日の前日までのいずれかの時において公益法人等又は内国法人である人格のない社団等に該当していたこと（措令27の4㉒五）。
#### ②　調整計算

　以下のように計算される（措令27の4㉓五）。

$$平均所得金額 ＝ \frac{補正所得金額 ＋ 合併等調整加算額}{3 （年）}$$

判定法人が公益法人等又は内国法人である人格のない社団等に該当していた事業年度については、収益事業から生じた所得の金額とされるので留意が必要である。

また「合併等調整加算額」とは、［3］の「合併等調整額」及び［4］の「加算対象連結所得金額」の合計額をいい、その中に調整後所得金額（上記算式における、合併等調整加算額以外の分子の額）の計算の基礎とされた金額がある場合には、これを控除することとされる。


## ［6］外国法人

### ① 該当事由

判定法人が外国法人に該当する場合（措令27の4㉒六）。

### ② 調整計算

以下のように計算される（措令27の4㉓六）。

$$平均所得金額 ＝ \frac{補正所得金額 ＋ 合併等調整額}{3 （年）}$$

ここで、所得の金額については、外国法人の種類によって以下のように異なる。

---

〈恒久的施設を有する外国法人〉

　各基準年度の恒久的施設帰属所得（法法138①）及びその他の国内源泉所得（法法138①二〜六）の合計額

〈恒久的施設を有しない外国法人〉

　各基準年度のその他の国内源泉所得（法法138①二〜六）の合計額

---

## 5　中小企業者及び適用除外事業者の判定表

　国税庁より公表されている「令和3年版 法人税申告書・地方法人税申告書の記載の手引」の87頁より、中小企業者の判定等に関する記載があり、その中で「中小企業者の判定表」及び「適用除外事業者の判定表」が示されている。

　これらは申告書添付書類ではないが、検討にあたり有用と思われる。

### ■参考1：中小企業者の判定表

| 中　　小　　企　　業　　者　　の　　判　　定　　表 | | | | 大株規模法人等の保の有明す細る | 順位 | 大 規 模 法 人 名 | | 株 式 数 又 は 出 資 金 の 額 |
|---|---|---|---|---|---|---|---|---|
| 発 行 済 株 式 又 は 出 資 の 総 数 又 は 総 額 | | a | | | | | | |
| a のうちその有する自己の株式 又は出資の総数又は総額 | | b | | | 1 | | i | |
| 差　　引　　(a) － (b) | | c | | | | | j | |
| 常 時 使 用 す る 従 業 員 の 数 | | d | 人 | | | | k | |
| 大規模法人の保有の株式割合 等 | 第 1 順 位 の 株 式 数 又 は 出 資 金 の 額 (i) | e | | | | | l | |
| | 保 有 割 合 (e)/(c) | f | ％ | | | | m | |
| | 大規模法人の保有する 株 式 数 等 の 計 (o) | g | | | | | n | |
| | 保 有 割 合 (g)/(c) | h | ％ | | | 計 (i)・(j)・(k)・(l)・(m)・(n) | | o |
| 判定 | 資本金の額又は出資金の 額 が 1 億 円 以 下 の 法 人 | 「f」が1/2以上又は「h」が2/3以上の場合 | | | | | | ⇒「中小企業者」 非該当 |
| | 資 本 又 は 出 資 を 有 し な い 法 人 | 「d」が1,000人を超える場合 | | | | | | |

　「大規模法人の保有する株式数等の明細 i～n」の各欄は、その法人の株主等のうち大規模法人について、その所有する株式数又は出資金の額の最も多いものから順次記載します。
㊟　大規模法人とは、次のイ～ハの法人をいい、中小企業投資育成株式会社を除きます。
　イ　資本金の額又は出資金の額が1億円を超える法人
　ロ　資本又は出資を有しない法人のうち常時使用する従業員の数が1,000人を超える法人
　ハ　次の(イ)又は(ロ)の法人
　　(イ)　大法人（次のA～Cの法人をいいます。）との間にその大法人による完全支配関係がある普通法人
　　　A　資本金の額又は出資金の額が5億円以上である法人
　　　B　相互会社及び外国相互会社のうち常時使用する従業員の数が1,000人を超える法人
　　　C　受託法人
　　(ロ)　普通法人との間に完全支配関係がある全ての大法人が有する株式及び出資の全部をその全ての大法人のうちいずれか一の法人が有するものとみなした場合において、そのいずれか一の法人とその普通法人との間にそのいずれか一の法人による完全支配関係があることとなるときのその普通法人（(イ)の法人を除きます。）

## ■参考2：適用除外事業者の判定表

適用除外事業者に該当するかどうかは、次表により判定することができます。

| 適　用　除　外　事　業　者　の　判　定　表 | | | |
|---|---|---|---|
| 設立の日の翌日以後3年を経過していない場合 | | | 非該当 |
| 調整計算の要否 | 不要　・　要（措置法令第27条の4第22項第（　）号） | | |
| 事業年度 | 各基準年度の所得金額<br>（別表一「1」等）<br>（マイナスの場合は0）<br>1 | (1)に対する法人税の額に係る<br>欠損金の繰戻し還付の金額の計<br>算の基礎となった欠損金相当額<br>2 | 各基準年度<br>の月数<br>3 |

| | 事業年度 | 1 | 2 | 3 |
|---|---|---|---|---|
| 基準年度 | ・　　　・ | 円 | 円 | 月 |
| | ・　　　・ | | | |
| | ・　　　・ | | | |
| | ・　　　・ | | | |
| | ・　　　・ | | | |
| | ・　　　・ | | | |
| | 計 | | | |

| 調整計算が「要」である場合 | 基準年度の平均所得金額<br>（（（1の計）－（2の計））／（3の計））×12 | 4 | 円 |
|---|---|---|---|
| | （1の計）－（2の計）<br>（（3の計）＞36の場合には、<br>（（（1の計）－（2の計））／（3の計））×36の金額） | 5 | |
| | 合併等調整額 | 6 | |
| | 加算対象連結所得金額 | 7 | |
| | 計<br>(5)＋(6)＋(7) | 8 | |
| | 平均所得金額<br>(8)／3 | 9 | |
| 適用除外事業者の判定<br>（(4)又は(9)＞15億円は該当） | | 10 | 該当・非該当 |

イ　設立の日の翌日以後3年を経過していない場合には、適用除外事業者に該当しません。ただし、上記①～④等の事由に該当する場合には設立の日に一定の調整をして判定を行うことになりますので御注意ください。

ロ　上記①～④の事由に該当する場合には、「調整計算の要否」の「要（措置法令第27条の4第22項第（　）号）」欄に該当する号（上記①～④の【　】の号）を記載します（複数の号に該当する場合は全て記載します。）。この場合、基準年度の平均所得金額に一定の調整を加えて計算した金額（「5」から「9」までの各欄）により適用除外事業者の判定を行うことになりますので御注意ください。

ハ　「合併等調整額6」には、措置法令第27の4第23項第3号から第6号までに規定する合併等調整額を記載します。

ニ　「加算対象連結所得金額7」には、措置法令第27の4第23項第4号ロに掲げる金額（「6」欄の金額の計算の基礎とされた金額を除きます。）を記載します。

# 租税特別措置法（法人税関係）における中小企業者等

## 1 「中小企業者」と「等」

　本節では、制度ごとに「中小企業者等」の定義（範囲）について確認していくこととする。

　再掲にはなるが、「中小企業者等」の範囲を理解する上では、

　・「中小企業者」の定義
　・「等」の範囲

の2点がポイントとなろう。

**■代表的な「中小企業者等」の枠組み（再掲）**

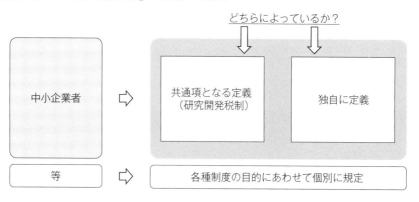

**■研究開発税制における中小企業者等の範囲（再掲）**

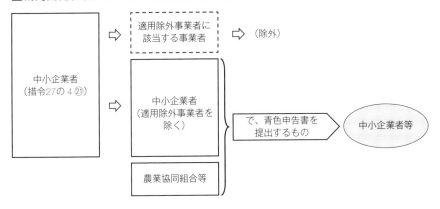

## 2 全体像

### 1 はじめに

　本節では、基本となる中小企業者の定義（研究開発税制で示される共通の定義、又は独自の定義のいずれを用いているか）を示しつつ、制度固有の範囲の修正が加えられているものについては、その内容について紹介する。

　以下、本書にて取り上げる制度の種類ごとに、対応する中小企業者の定義をまとめると下表のようになる。

| 制度の種類<br>（本書掲載順） | 中小企業者の定義 | | 範囲の修正 |
|---|---|---|---|
| | 共通 | 独自 | |
| 中小企業者等の法人税率の特例 | | ○ | |
| 研究開発税制 | ○ | | |
| 中小企業投資促進税制 | ○ | | あり |
| 地方拠点強化税制（オフィス減税） | ○ | | あり |
| 中小企業経営強化税制 | ○ | | あり |
| 所得拡大促進税制 | ○ | | |

| 制度の種類<br>（本書掲載順） | 中小企業者の定義 | | 範囲の修正 |
|---|---|---|---|
| | 共通 | 独自 | |
| 法人税の額から控除される特別控除額の特例 | ○ | | |
| 被災代替資産等の特別償却<br>（租税特別措置法及び震災特例法） | ○ | | |
| 特定事業継続力強化設備等の特別償却 | ○ | | あり |
| 中小企業事業再編投資損失準備金 | ○ | | あり |
| 中小企業者等の貸倒引当金の特例 | | ○ | |
| 交際費等の定額控除限度額 | | ○ | |
| 中小企業者の欠損金等以外の欠損金の繰戻しによる還付の不適用 | | ○ | |
| 中小企業者等の少額減価償却資産の取得価額の損金算入の特例 | ○ | | あり |

## 2　各種制度における取扱い

### ［1］中小企業者等の法人税率の特例（措法42の3の2）

| 項　　目 | 要　　約 |
|---|---|
| 中小企業者の定義 | 独自の定義（中小企業者等） |
| 本制度における中小企業者等の範囲の修正 | 該当なし |

〈独自の定義〉

　中小企業者等の法人税率の特例（軽減税率）は、条文見出しとしては「中小企業者等」の用語を用いているが、その範囲は以下の通り独自に定義されている（措令27の3の2）。

　○普通法人のうち当該各事業年度終了の時において資本金の額（出資金の額）が1億円以下であるもの（相互会社、投資法人、特定目的会社、法人課税信託の受託法人、**法人税法上のみなし大企業**を除く）

○資本（出資）を有しないもの（以下に掲げる特定の医療法人を除く）

○人格のない社団等

○一般社団法人等（法人税法別表第二に掲げる一般社団法人、一般財団法人、公益社団法人、公益財団法人）

○法人税法以外の法律によって公益法人等とみなされているもののうち、以下のもの
　　・地方自治法に規定する認可地縁団体
　　・マンション管理組合法人及び団地管理組合法人
　　・法人である政党等
　　・防災街区整備事業組合
　　・NPO法人
　　・マンション建替組合及びマンション敷地売却組合

○公益法人等（上記を除く）又は協同組合等（租税特別措置法第68条第1項に規定する協同組合等を除く）

○租税特別措置法第67条の2第1項の規定による承認を受けている特定の医療法人

## ［2］研究開発税制（措法42の4④）

| 項　　　目 | 要　　　約 |
| --- | --- |
| 中小企業者の定義 | 共通の定義 |
| 本制度における中小企業者等の範囲の修正 | なし |

## ［3］中小企業投資促進税制（措法42の6）

| 項　　　目 | 要　　　約 |
| --- | --- |
| 中小企業者の定義 | 共通の定義 |
| 本制度における中小企業者等の範囲の修正 | あり（**特定中小企業者等**） |

〈範囲の修正〉

　　本税制の適用対象となる中小企業者等のうち「**特定中小企業者等**」に該

当するものについては、特別償却に代えて税額控除の適用を受けることができる（措法42の6②）。

　特定中小企業者等とは、中小企業者等のうち、資本金の額（出資金の額）が3,000万円超の法人（農業協同組合等及び商店街振興組合を除く）以外の法人をいう（措令27の6⑦）。

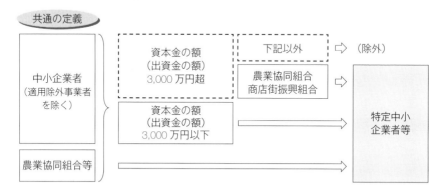

[4]　地方拠点強化税制（オフィス減税：措法42の11の3①）

| 項　　目 | 要　　約 |
|---|---|
| 中小企業者の定義 | 共通の定義 |
| 本制度における中小企業者等の範囲の修正 | あり（**中小企業者**） |

〈範囲の修正〉

　本税制においては、「中小企業者」については適用要件となる特定建物等の規模要件が緩和されているが、中小企業者等の「等」に該当する農業協同組合等[30]はその対象に含まれていない（措法42の11の3①、措令27の11の3）。

---

30　脚注4（52ページ）でも説明したように、農業協同組合等のうち、出資金の額が1億円以下のものは中小企業者に該当することとなる（これ以降の制度においても同様）。

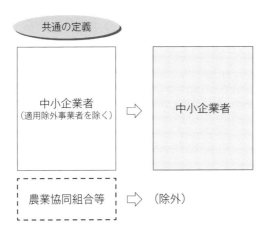

## [5] 中小企業経営強化税制（措法42の12の4）

| 項　　目 | 要　　約 |
|---|---|
| 中小企業者の定義 | 共通の定義 |
| 本制度における中小企業者等の範囲の修正 | あり（**中小企業者等**） |

〈範囲の修正〉

　本税制の適用対象となる中小企業者等の範囲は、中小企業者の共通の定義を基礎としつつ、以下のような修正が加えられている。

---

・対象に商店街振興組合[31]が追加されたこと。

・中小企業等経営強化法第2条第6項に規定する特定事業者等（本章第5節 3 参照。これに準ずる一定のものも含む）であること。

・経営力向上計画の認定（強化法17①）の認定を受けていること。

---

31　これも農業協同組合等と同様、出資金の額が1億円を超える商店街振興組合が対象に追加されたものと解される。なお、以前は中小企業等協同組合及び出資組合である商工組合も含まれていたが、令和3年度の税制改正によって除外された。

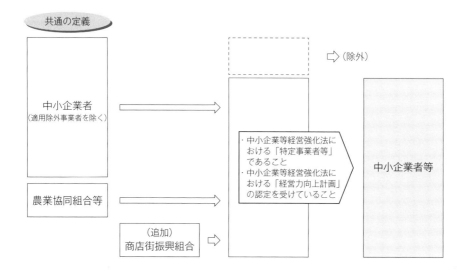

## ［6］ 所得拡大促進税制（措法42の12の5②）

| 項　　目 | 要　　約 |
|---|---|
| 中小企業者の定義 | 共通の定義 |
| 本制度における中小企業者等の範囲の修正 | なし |

## ［7］ 法人税の額から控除される特別控除額の特例（措法42の13⑥）

| 項　　目 | 要　　約 |
|---|---|
| 中小企業者の定義 | 共通の定義 |
| 本制度における中小企業者等の範囲の修正 | なし |

## ［8］ 被災代替資産等の特別償却（措法43の3①）

| 項　　目 | 要　　約 |
|---|---|
| 中小企業者の定義 | 共通の定義 |
| 本制度における中小企業者等の範囲の修正 | なし |

## ［9］被災代替資産等の特別償却（震災特例法18の2）

| 項　　目 | 要　　約 |
|---|---|
| 中小企業者の定義 | 共通の定義 |
| 本制度における中小企業者等の範囲の修正 | なし |

## ［10］特定事業継続力強化設備等の特別償却（措法44の2）

| 項　　目 | 要　　約 |
|---|---|
| 中小企業者の定義 | 共通の定義 |
| 本制度における中小企業者等の範囲の修正 | あり（**特定中小企業者等**） |

〈範囲の修正〉

　本税制の適用対象となるのは「**特定中小企業者等**」であり、中小企業者の共通の定義を基礎としつつ、以下の点が異なる（措法44の2①、措令28の5①）。

---

・対象に事業協同組合、協同組合連合会、水産加工業協同組合、水産加工業協同組合連合会及び商店街振興組合が追加されたこと。
・農業協同組合等が除外されていること。
・中小企業等経営強化法第2条第1項に規定する中小企業者等であること。
・事業継続力強化計画の認定（強化法56①）又は連携事業継続力強化計画の認定（同法58①）を受けていること。

---

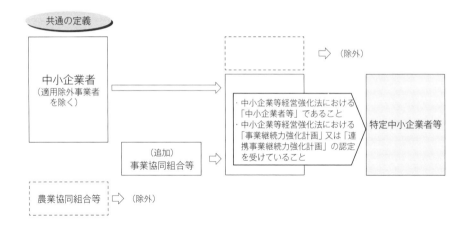

## [11] 中小企業事業再編投資損失準備金（措法55の2）

| 項　　目 | 要　　約 |
|---|---|
| 中小企業者の定義 | 共通の定義 |
| 本制度における中小企業者等の範囲の修正 | あり（**中小企業者**） |

〈範囲の修正〉

　本税制の適用対象となる中小企業者は、中小企業者の共通の定義を基礎としつつ、以下の点が異なる（措法55の2①）。

> ・農業協同組合等が除外されていること。
> ・中小企業等経営強化法第2条第5項に規定する特定事業者等であること[32]。
> ・経営力向上計画の認定（強化法17①）を受けていること。

---

32　条文上の明示はないが、経営力向上計画の認定を受けることができるのは特定事業者等に限られていることから（強化法17①）、必要条件として明示したものである。

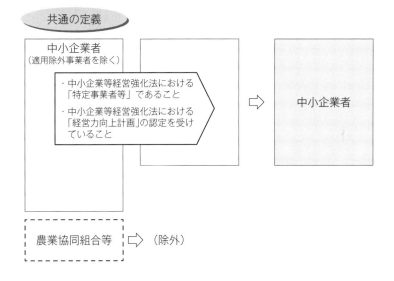

## [12] 中小企業者等の貸倒引当金の特例（措法57の9）

| 項　　　目 | 要　　　約 |
|---|---|
| 中小企業者の定義 | 独自の定義（**中小企業者等**） |
| 本制度における中小企業者等の範囲の修正 | 該当なし |

〈独自の定義〉

　本税制の適用対象となる中小企業者等の範囲は、法人税法第52条第1項第1号に規定される法人[33]の範囲を基礎として、以下の通り定義されている（措法57の9①、措令33の7①）。

---

　当該事業年度終了の時において次に掲げる法人に該当する法人（保険業法に規定する相互会社及び外国相互会社を除く）

　・中小法人（適用除外事業者に該当するものを除く）

　　普通法人（投資法人及び特定目的会社を除く）のうち、資本金の額（出資金

---

33　外国法人も含まれる（法法141の3②）。

の額）が１億円以下であるもの（みなし大企業[34]を除く）又は資本（出資）
を有しないもの

・公益法人等又は協同組合等

・人格のない社団等

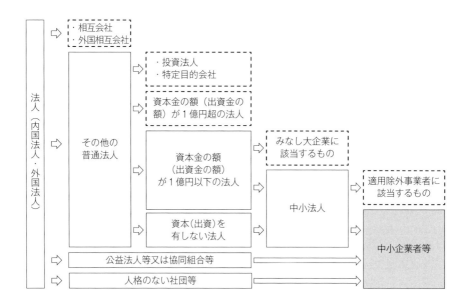

## ［13］交際費等の定額控除限度額（措法61の4）

| 項　目 | 要　約 |
|---|---|
| 中小企業者の定義 | 独自の定義<br>（**法人税法（貸倒引当金制度）における中小法人等の範囲を修正**） |
| 本制度における中小企業者等の範囲の修正 | 該当なし |

〈独自の定義〉

　本税制の適用対象となるのは、法人（投資法人及び特定目的会社を除く）の
うち、その事業年度終了の日における資本金の額（出資金の額）が１億円

---

34　法人税法におけるみなし大企業（法法66⑥二・三）の範囲による。

以下であるものであり、法人税法上の「みなし大企業」に該当するものが除かれる（措法61の4②）。

　条文上は、「中小法人等」や「中小企業者等」の用語は用いられていないが、その範囲は法人税法の貸倒引当金制度の適用対象となる「中小法人等」の範囲を基礎としている（47ページを参照されたい）。

　ただし本税制では、「外国法人」、「資本（出資）を有しない法人」、「公益法人等又は協同組合等」又は「人格のない社団等」についても、資本金の額（出資金の額）に準ずるものとして一定の金額を計算した上で本税制の取扱いを受けることとなる（措令37の4）。

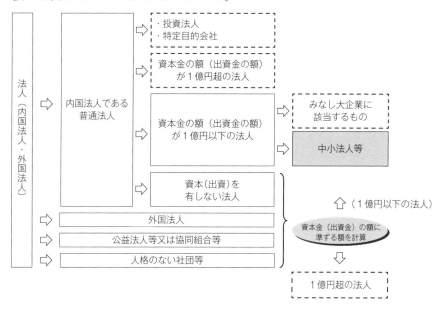

## ［14］中小企業者の欠損金等以外の欠損金の繰戻しによる還付の不適用（措法66の12）

| 項　　目 | 要　　約 |
|---|---|
| 中小企業者の定義 | 独自の定義（**中小企業者**） |
| 本制度における中小企業者等の範囲の修正 | 該当なし |

〈独自の定義〉

　欠損金の繰戻し還付の不適用措置の適用除外とされる中小企業者等の範囲は、以下の通り独自に定義されている（措法66の12、措令39の24）。

---

○普通法人（投資法人及び特定目的会社を除く）のうち当該各事業年度終了の時において資本金の額（出資金の額）が1億円以下であるもの（**法人税法上のみなし大企業を除く**）

○資本（出資）を有しないもの（相互会社及び外国相互会社を除く）

○公益法人等又は協同組合等

○法人税法以外の法律によって公益法人等とみなされているもののうち、以下のもの

　・地方自治法に規定する認可地縁団体

　・マンション管理組合法人及び団地管理組合法人

　・法人である政党等

　・防災街区整備事業組合

　・NPO法人

　・マンション建替組合及びマンション敷地売却組合

○人格のない社団等

---

## ［15］中小企業者等の少額減価償却資産の取得価額の損金算入の特例（措法67の5）

| 項　　　目 | 要　　　約 |
|---|---|
| 中小企業者の定義 | 共通の定義 |
| 本制度における中小企業者等の範囲の修正 | あり（**中小企業者等**） |

〈範囲の修正〉

　本税制の適用対象となる中小企業者等は、中小企業者等の共通の定義を基礎としつつ、以下の点が異なる（措法67の5①、措令39の28①）。

> ・事務負担に配慮する必要があるもの（常時使用従業員数が500人以下[35]の法人）
> に限定していること。

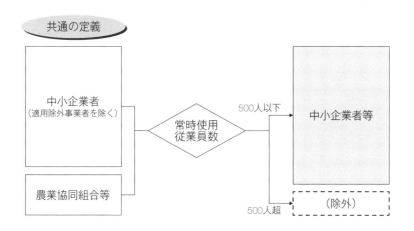

## 3　補論：令和３年度税制改正前

### 1　2つのタイプの「中小企業者」

　令和３年度の税制改正によって「中小企業者」の共通の定義が明確に
なったといえる。すなわち、研究開発税制における中小企業者の定義を基
礎とし、これに制度ごとの範囲修正を加えて「中小企業者等」などの定義
を組み立てるという構造が明確になった。

　しかし令和３年度の税制改正前は、「中小企業者」には共通項となる定
義が２種類存在しており、制度によって基礎となる中小企業者の定義が
異なっていたのである。具体的には、研究開発税制と中小企業投資促進税
制において、それぞれが中小企業者を定義していた。

---

35　令和２年度の税制改正により、常時使用従業員数の基準が引き下げられた（改正前：
　1,000人以下）。この改正は、令和２年４月１日以後に取得等する少額減価償却資産から適
　用されている。

## 2 共通点と相違点

　「中小企業者」には 2 つのタイプがあるとはいえ、実際には、中小企業者の定義から除かれる法人（いわゆる「みなし大企業」）の範囲が若干異なるだけで、最も根幹をなす定義は共通である。

　すなわち「中小企業者」とは、以下のいずれかの法人をいうこととされていた（旧・措法42の 4 ⑧七、42の 6 ①、措令27の 4 ⑫、27の 6 ①）。

---

・資本金額（出資金額）が 1 億円以下の法人のうち、**みなし大企業**以外の法人
・資本（出資）を有しない法人のうち、常時使用する従業員の数が1,000人以下の法人

---

　その上で、中小企業者から除外される「みなし大企業」の範囲が、研究開発税制と中小企業投資促進税制で異なっているのである。

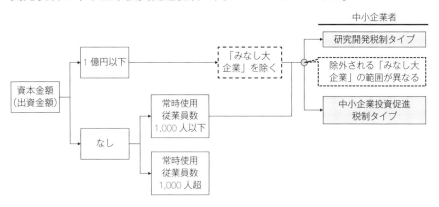

## 3 中小企業投資促進税制における「みなし大企業」

　中小企業投資促進税制において、中小企業者から除外される「みなし大企業」とは、以下のいずれかに該当する法人をいうものとされていた（旧・措令27の 6 ①）。

・その発行済株式総数又は出資総額の2分の1以上が同一の「大規模法人」の所有に属している法人
・その発行済株式総数又は出資総額の3分の2以上が（複数の）「大規模法人」の所有に属している法人

　これだけを見ると、研究開発税制タイプにおける「みなし大企業」の定義と同一であるが、「みなし大企業」の判定における**「大規模法人」**から、**独立行政法人中小企業基盤整備機構**が**除外**されている点が異なる（旧・措令27の6①）。

　具体的には、その判定法人（みなし大企業の判定対象となる法人）の発行する株式の全部又は一部が中小企業等経営強化法第23条第1項に規定する認定事業再編投資組合（いわゆる認定事業承継ファンド）の組合財産である場合におけるその組合員の出資部分について、保有割合の算定から除外するものである。

　その他については、研究開発税制タイプにおける「みなし大企業」の定義と同一である。

　以上より、研究開発税制タイプの中小企業者及びみなし大企業の判定フローをまとめると、次ページ図の通りとなる。

**■中小企業者判定フローチャート（中小企業投資促進税制タイプ）**

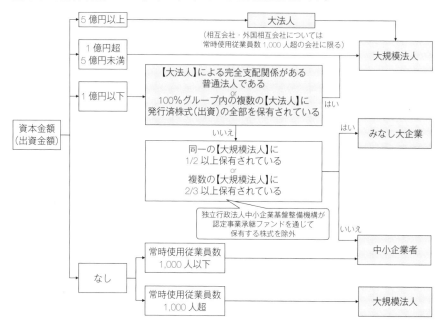

　この取扱いは、令和元年度の税制改正により措置されたもので、「中小企業者の円滑な事業承継を後押しするための措置として創設された中小企業等経営強化法の事業承継ファンドの認定制度において、その認定に係る事業承継ファンドが独立行政法人中小企業基盤整備機構から一定の出資を受けることとされており、かつ、その出資先が主としてその経営又は株式を承継しようとする者を確保することが困難な状況等に直面している中小企業者とされていることを踏まえ、その中小企業者が事業承継を行う上で必要な企業価値の維持・向上のための設備投資の促進に資すると考えられる上記6制度（筆者注：中小企業投資促進税制における中小企業者を基礎とした制度。112ページ表のBタイプが該当する）を適用できるようにする観点から、これらの制度の適用対象となる中小企業者から除外されるみなし大企業の判定において、大規模法人の所有に属している株式から独立行政法人中小企業基盤整備機構がその認定に係る事業承継ファンドを通じて保有している

株式を除外する」[36]ことを趣旨とするものである。

　この取扱いが令和3年度の税制改正により廃止された。

　この結果、研究開発税制タイプと中小企業投資促進税制タイプの差異が解消することとなり、「中小企業者」の定義を統一的に理解することができるようになった。

---

36　財務省『令和元年度　税制改正の解説』465頁

## ■参考：令和3年度税制改正前における中小企業者の定義

| 制度の種類 | 中小企業者のタイプ A：研究開発税制タイプ B：中小企業投資促進税制タイプ C：その他（独自の定義） | | | 範囲の修正 |
|---|---|---|---|---|
| | A | B | C | |
| 中小企業者等の法人税率の特例 | | | ○ | |
| 研究開発税制 | ○ | | | |
| 省エネ再エネ高度化投資促進税制 | ○ | | | |
| 中小企業投資促進税制 | | ○ | | あり |
| 地方拠点強化税制（オフィス減税） | ○ | | | あり |
| 商業・サービス業・農林水産業活性化税制 | | ○ | | あり |
| 中小企業経営強化税制 | | ○ | | あり |
| 所得拡大促進税制 | ○ | | | |
| 法人税の額から控除される特別控除額の特例 | ○ | | | |
| 被災代替資産等の特別償却（租税特別措置法及び震災特例法） | | ○ | | |
| 特定事業継続力強化設備等の特別償却 | | ○ | | あり |
| 振興山村における産業振興機械等の割増償却 | ○ | | | あり |
| 中小企業者等の貸倒引当金の特例 | | | ○ | |
| 交際費等の定額控除限度額 | | | ○ | |
| 中小企業者の欠損金等以外の欠損金の繰戻しによる還付の不適用 | | | ○ | |
| 中小企業者等の少額減価償却資産の取得価額の損金算入の特例 | ○ | | | あり |

<table>
<tr><td>第**3**節</td><td>消費税関係における中小企業<br>（小規模事業者・中小事業者）</td></tr>
</table>

# 第3節　消費税関係における中小企業（小規模事業者・中小事業者）

　消費税法では、中小企業に対応する概念として「小規模事業者」及び「中小事業者」に対する取扱いを定めている。これらは資本金に着目した分類ではなく、基準期間における課税売上高に着目した分類である点に特徴がある。間接税たる消費税の性質上、最終的な税負担能力を評価する上では資本金よりも課税ベースである課税売上高を用いた方が適切であるとの考えによるものである。

## 1　小規模事業者の定義

　小規模事業者とは、その課税期間[37]に係る基準期間における課税売上高が1,000万円以下である者をいう（消法9①）。

　ここで、法人である事業者の「基準期間」とは、その事業年度の前々事業年度をいい、その前々事業年度が1年未満である法人については、その事業年度開始の日の2年前の日の前日[38]から同日以後1年を経過する日までの間に開始した各事業年度を合わせた期間をいう（消法2①十四）。

　「基準期間における課税売上高」は、以下のように算定される（消法9②）。

---

[37] 法人である事業者の課税期間は原則として、その法人の事業年度の月数をいうが、「課税期間特例選択・変更届出書」を提出している事業者の課税期間は、その届け出た期間（1カ月又は3カ月）による（消法19①二・四・四の二）。

[38] 例えば事業年度開始の日が令和3（2021）年4月1日ということであれば、「その2年前の日」は平成31（2019）年4月2日であり、「その2年前の日の前日」が平成31（2019）年4月1日ということでなる。

〈**基準期間が１年である法人**〉

　基準期間における課税売上高[39]（税抜総額）から、基準期間における売上対価返還の額（税抜総額）を控除した残額

〈**基準期間が１年でない法人**〉

　上記と同様に計算した残額を、当該基準期間に含まれる月数の合計額で除し、これに12を乗じて計算した金額

## 2　中小事業者の定義

　中小事業者とは、小規模事業者以外の事業者のうち、その課税期間に係る基準期間における課税売上高が5,000万円以下であるものをいう（消法37）。

---

39　基準期間である課税期間において免税事業者であった事業者については、その基準期間における課税売上高は税込総額となる（消基通1-4-5）。

# 第4節　相続税関係における中小企業

## 1　相続税法における会社区分の特徴

### 1　概要

　相続税又は贈与税の対象となる財産の評価に関連し、財産評価基本通達178では、「取引相場のない株式」の評価方法について、評価しようとするその株式の発行会社（評価会社）の大きさに応じた取扱いが定められており、会社の規模を「大会社」「中会社」及び「小会社」の3つに区分している[40]。

　かかる会社区分はあくまでも財産評価の必要から行われているにすぎず、法人税や消費税のように、企業規模に応じて課税関係を変更するものではない。

### 2　会社の区分

　会社の区分は、総資産価額、従業員数及び直前期末以前1年間におけ

---

[40] 財産評価基本通達における取引相場のない株式の時価の評価方法として、会社の規模を3つに区分した上で、適用すべき原則的評価方法を規模に応じて定めている趣旨について、東京高裁平成13・5・23判夕1126号114頁では、「上場会社に匹敵するような大会社においては、上場株式の株価を参考にして取引されるのが通常であり、その株式の交換価値は、上場会社の株式の評価との均衡を図ることが合理的であると認められるので、純資産価額方式により評価するものとされている。これに対し、個人企業とそれほど変わるところがない小会社の株式は、その会社の資産に着目して取引されるのが通常であり、その株式の時価の評価は、個人企業者の事業用財産の時価の評価との均衡を図ることが合理的であると認められるので、純資産価額方式により評価するものとされている。ちなみに、大会社と小会社との中間にある中会社の株式の時価は、大会社と小会社の評価方法を併用して評価するものとされている。」と述べられている。

る取引金額に応じて決定されるが、その指標はその会社の属する事業の種類に応じて異なる。評価会社がいずれの業種に該当するかは、直前期末1年間の取引金額に基づいて判定し、当該取引金額のうちに2以上の業種に係る取引金額が含まれている場合には、それらの取引金額のうち最も多い取引金額にかかる業種によって判定する（財基通178（4））。

　また、評価会社が「中会社」に該当する場合には、評価方式として類似業種比準価額方式と純資産価額方式を併用することとされているが、その併用割合（Lの割合）を適用する関係上さらに「中会社の大」「中会社の中」又は「中会社の小」に細分化されている。

　会社の区分は具体的には、業種に応じてそれぞれ以下の通り決定される（財基通178、179）。

### ■卸売業

・従業員数が70人以上の会社…大会社
・従業員数が70人未満の会社…下表による。

| 取引金額 / 総資産価額 従業員数 | 2億円未満 | 2億円以上 3億5,000 万円未満 | 3億5,000 万円以上 7億円未満 | 7億円以上 30億円未満 | 30億円以上 |
|---|---|---|---|---|---|
| 20億円以上かつ 35人超70人未満 | | | | | 大会社 |
| 4億円以上 20億円未満かつ 35人超70人未満 | | 中会社の大 | | | |
| 2億円以上 4億円未満かつ 20人超35人以下 | | 中会社の中 | | | |
| 7,000万円以上 2億円未満かつ 5人超20人以下 | 中会社の小 | | | | |
| 7,000万円未満 又は5人以下 | 小会社 | | | | |

## ■小売・サービス業

・従業員数が70人以上の会社…大会社
・従業員数が70人未満の会社…下表による。

| 総資産価額 従業員数 ＼ 取引金額 | 6,000万円未満 | 6,000万円以上 2億5000万円未満 | 2億5,000万円以上 5億円未満 | 5億円以上 20億円未満 | 20億円以上 |
|---|---|---|---|---|---|
| 15億円以上かつ 35人超70人未満 | | | | | 大会社 |
| 5億円以上 15億円未満かつ 35人超70人未満 | | | | 中会社の大 | |
| 2億5,000万円以上 5億円未満かつ 20人超35人以下 | | | 中会社の中 | | |
| 4,000万円以上 2億5,000万円未満 かつ 5人超20人以下 | | 中会社の小 | | | |
| 4,000万円未満 又は5人以下 | 小会社 | | | | |

**■卸売業、小売・サービス業以外**

・従業員数が70人以上の会社…大会社
・従業員数が70人未満の会社…下表による。

| 総資産価額 従業員数 ＼ 取引金額 | 8,000万円未満 | 8,000万円以上 2億円未満 | 2億円以上 4億円未満 | 4億円以上 15億円未満 | 15億円以上 |
|---|---|---|---|---|---|
| 15億円以上かつ 35人超70人未満 | | | | | 大会社 |
| 5億円以上 15億円未満かつ 35人超70人未満 | | | 中会社の大 | | |
| 2億5,000万円以上 5億円未満かつ 20人超35人以下 | | 中会社の中 | | | |
| 5,000万円以上 2億5,000万円未満 かつ 5人超20人以下 | 中会社の小 | | | | |
| 5,000万円未満 又は5人以下 | 小会社 | | | | |

### 3 　法人税における企業分類との比較

　法人税関係における中小企業（中小法人、中小企業者）が基本的には資本金の額（出資金の額）を基礎として定義付けられているのに対し、相続税関係の会社区分は取引金額、総資産価額及び従業員数の組み合わせによって決定される[41]ことから、両者を同一の比較軸によって関連付けることはできない。

　もっとも、資本（出資）を有しない法人については、法人税関係では中小法人や中小企業者に含められているが、かかる法人には「持分」の概念

---

41　むしろ、資本金の額は判定指標に含まれていない。

がないため、出資者側において相続財産の評価の問題にはならないと考えられる。この意味で、資本（出資）を有していない法人については、相続税関係の会社分類の対象には含まれない。

## 2　事業承継税制における取扱い

本項では、**非上場株式等**についての贈与税又は相続税の納税猶予及び免除制度（措法70の7、70の7の2）の対象となる**認定贈与承継会社**及び**認定承継会社**、ならびに同制度の特例（措法70の7の5、70の7の6）の対象となる**特例認定贈与承継会社**及び**特例認定承継会社**の定義について確認していく。

これらは基本的には、中小企業経営承継円滑化法に規定する中小企業者の範囲を基礎とするものである。

### 1　非上場株式等

本制度の対象となる非上場株式等とは、株式及び出資（合名会社、合資会社又は合同会社に係るもの）のうち、次に掲げるものをいう（措法70の7②二、措規23の9⑦⑧）。

---

・そのすべてが金融商品取引所（金商法2⑯）に上場されていないこと。

・そのすべてが金融商品取引所（同）への上場の申請がされていないこと。

・そのすべてが金融商品取引所に類するものであって外国に所在するものに上場されていないこと、又は上場の申請がされていないこと。

・そのすべてが店頭売買有価証券登録原簿に登録がされていないこと、又は登録の申請がされていないこと。

・そのすべてが店頭売買有価証券登録原簿に類するものであって外国に備えられるものに登録がされていないこと、又は登録の申請がされていないこと。

---

## 2 認定贈与承継会社 （贈与税の納税猶予及び免除制度）

認定贈与承継会社とは、**中小企業経営承継円滑化法第2条に規定する中小企業者**（本章第5節 **2** 参照）のうち、円滑化法認定[42]を受けた会社[43]で、その贈与の時において以下のすべての要件を満たすものをいう（措法70の7②一）。

---

- その会社の常時使用従業員数が1人以上であること[44]。
- その会社が、一定の資産保有型会社又は資産運用型会社（措令40の8⑥）に該当しないこと。
- その会社及び特定特別関係会社[45]の株式等が、非上場株式等に該当すること。
- その会社及び特定特別関係会社が、風俗営業会社に該当しないこと。
- その会社の贈与の日の属する事業年度の直前の事業年度における総収入金額[46]がゼロを超えること。
- その会社が発行する種類株式を、経営承継受贈者以外の者が有していないこと。
- その会社の特定特別関係会社が、中小企業経営承継円滑化法第2条に規定する中小企業者に該当すること。

---

42 中小企業経営承継円滑化法第12条第1項（円滑化省令第6条第1項第7号又は第9号の事由に係るものに限る）の経済産業大臣（又は都道府県知事）の認定をいう（措法70の7②四、措規23の9⑪）。

43 認定会社が合併により消滅した場合には、その合併によりその認定会社の権利義務の全てを承継した会社（合併承継会社）とし、株式交換又は株式移転により他の会社の株式交換完全子会社等となった場合には、その株式交換等に係る当該他の会社（交換等承継会社）とする（措規23の9③）。

44 その会社の特別関係会社（その会社又は子会社が株式を保有する場合に限る）が外国会社に該当する場合、その会社の常時使用従業員数が5人以上であることが必要となる。

45 「特別関係会社」とは、円滑化法認定を受けた会社及びその会社の代表権を有する者（親族等の特別の関係のある者を含む）が、総株主等議決権数の50%を超える数を保有する会社をいい（措令40の8⑦）、「特定特別関係会社」とは、特別関係会社のうち、親族等の範囲を「同一生計親族」に限定したものをいう（措令40の8⑧）。

46 営業外収益及び特別利益を除く（措規23の9⑥）。

## 3　認定承継会社（相続税の納税猶予及び免除制度）

　認定承継会社とは、中小企業経営承継円滑化法第2条に規定する中小企業者のうち、円滑化法認定[47]を受けた会社で、その相続の開始の時において以下のすべての要件を満たすものをいう（措法70の7の2②一）。ただし、その内容は 2 の認定贈与承継会社と基本的には同様である。

---

- ・その会社の常時使用従業員数が1人以上であること[48]。
- ・その会社が、一定の資産保有型会社又は資産運用型会社に該当しないこと。
- ・その会社及び特定特別関係会社の株式等が、非上場株式等に該当すること。
- ・その会社及び特定特別関係会社が、風俗営業会社に該当しないこと。
- ・その会社の相続の開始の日の属する事業年度の直前の事業年度における総収入金額がゼロを超えること。
- ・その会社が発行する種類株式を、経営承継相続人等以外の者が有していないこと。
- ・その会社の特定特別関係会社が、中小企業経営承継円滑化法第2条に規定する中小企業者に該当すること。

---

## 4　特例認定贈与承継会社（贈与税の納税猶予及び免除制度の特例）

　特例認定贈与承継会社とは、中小企業経営承継円滑化法第2条に規定する中小企業者のうち、特例円滑化法認定[49]を受けた会社で、その贈与の時において以下のすべての要件を満たすものをいう（措法70の7の5②一）。

---

47　認定贈与承継会社と同様（措法70の7の2②四）。

48　その会社の特別関係会社（その会社又は子会社が株式を保有する場合に限る）が外国会社に該当する場合、その会社の常時使用従業員数が5人以上であることが必要となる。

49　中小企業経営承継円滑化法第12条第1項（円滑化省令第6条第1項第11号又は第13号の事由に係るものに限る）の経済産業大臣（又は都道府県知事）の認定をいう（措法70の7の5②二、措規23の12の2⑥）。

ただしその内容は、 2 の認定贈与承継会社と基本的には同様である。

> ・その会社の常時使用従業員数が1人以上であること[50]。
> ・その会社が、一定の資産保有型会社又は資産運用型会社に該当しないこと。
> ・その会社及び特定特別関係会社の株式等が、非上場株式等に該当すること。
> ・その会社及び特定特別関係会社が、風俗営業会社に該当しないこと。
> ・その会社の贈与の日の属する事業年度の直前の事業年度における総収入金額がゼロを超えること。
> ・その会社が発行する種類株式を、特例経営承継受贈者以外の者が有していないこと。
> ・その会社の特定特別関係会社が、中小企業経営承継円滑化法第2条に規定する中小企業者に該当すること。

## 5　特例認定承継会社（相続税の納税猶予及び免除制度の特例）

　特例認定承継会社とは、中小企業経営承継円滑化法に規定する中小企業者のうち、特例円滑化法認定[51]を受けた会社で、その相続の開始の時において以下のすべての要件を満たすものをいう（措法70の7の6②一）。ただし、その内容は 2 の認定贈与承継会社と基本的には同様である。

> ・その会社の常時使用従業員数が1人以上であること[52]。
> ・その会社が、一定の資産保有型会社又は資産運用型会社に該当しないこと。
> ・その会社及び特定特別関係会社の株式等が、非上場株式等に該当するこ

---

50　その会社の特別関係会社（その会社又は子会社が株式を保有する場合に限る）が外国会社に該当する場合、その会社の常時使用従業員数が5人以上であることが必要となる。

51　特例認定贈与承継会社と同様（措法70の7の6②二）。

52　その会社の特別関係会社（その会社又は子会社が株式を保有する場合に限る）が外国会社に該当する場合、その会社の常時使用従業員数が5人以上であることが必要となる。

と。

・その会社及び特定特別関係会社が、風俗営業会社に該当しないこと。

・その会社の相続の開始の日の属する事業年度の直前の事業年度における
総収入金額がゼロを超えること。

・その会社が発行する種類株式を、特例経営承継相続人等以外の者が有し
ていないこと。

・その会社の特定特別関係会社が、中小企業経営承継円滑化法第2条に規
定する中小企業者に該当すること。

# 第5節 税法以外における中小企業の定義

## 1 中小企業基本法

### 1 中小企業基本法の概要

　中小企業に関する施策は、主に中小企業庁の所管のもと実施されているところであるが、その施策の基本となる基本理念や基本方針等を定めているのが「中小企業基本法」である。

　この法律は、中小企業に関する施策について、その基本理念、基本方針その他の基本となる事項を定めるとともに、国及び地方公共団体の責務等を明らかにすることにより、中小企業に関する施策を総合的に推進し、もって国民経済の健全な発展及び国民生活の向上を図ることを目的とする（中基法1）。

## 2 中小企業者の定義

　この法律における中小企業者は、「おおむね」以下に掲げる会社[53]・[54]及び個人とされ（中基法2①）、具体的な範囲は施策ごとに定めるものとされている。

| 主たる事業 | いずれかを満たす必要がある | |
|---|---|---|
| | 資本金の額<br>（出資金の額） | 常時使用従業員数 |
| 製造業、建設業、運輸業その他の業種（以下に掲げるものを除く）に属する事業 | 3億円以下 | 300人以下 |
| 卸売業に属する事業 | 1億円以下 | 100人以下 |
| サービス業に属する事業 | 5,000万円以下 | 100人以下 |
| 小売業に属する事業 | 5,000万円以下 | 50人以下 |

53　会社法上の会社（株式会社、合名会社、合同会社、合資会社、特例有限会社）のほか、合名会社の規定を準用して実質的に会社形態をとっていると認められる以下の士業法人も含まれるものと解されている（中小企業庁ホームページ「FAQ『中小企業の定義について』」Q2）。
　　・弁護士法に基づく弁護士法人
　　・公認会計士法に基づく監査法人
　　・税理士法に基づく税理士法人
　　・行政書士法に基づく行政書士法人
　　・司法書士法に基づく司法書士法人
　　・弁理士法に基づく特許業務法人
　　・社会保険労務士法に基づく社会保険労務士法人
　　・土地家屋調査士法に基づく土地家屋調査士法人

54　「法人」ではなく「会社」とされていることから、農業法人（会社法上の会社又は有限会社に限る）を除き、以下の法人は原則として含まれないものと解されている（同Q6）。
　　・組合（農業協同組合、生活協同組合、中小企業協同組合法に基づく組合等）
　　・一般社団法人、一般財団法人
　　・公益社団法人、公益財団法人
　　・社会福祉法人
　　・医療法人
　　・NPO法人
　　・学校法人
　　・農事組合法人

　ここで「常時使用従業員数」の対象となる従業員とは、労働基準法第20条に基づく「事前に解雇の予告を必要とする者」をいうものと解されている。したがって、パート、アルバイト、派遣社員、契約社員、非正規社員及び出向者については、同条に基づき個別に判断される。また、会社役員及び個人事業主（本人）は同条の対象には含まれないため、常時使用従業員数には該当しないと解されている。

　なお、中小企業基本法には、税法における「みなし大企業」の規定はないが、施策によっては個別に「みなし大企業」の範囲を定めて対象から除外することもあるので留意が必要である。

### 3　小規模企業者の定義

　この法律における小規模企業者とは、中小企業者のうち、常時使用従業員数が20人以下（卸売業及び小売業並びにサービス業については5人以下）のものをいう（中基法2⑤）。

## 2　中小企業経営承継円滑化法

　事業承継税制の対象となる会社（認定承継会社、認定贈与承継会社）の対象となるのは、中小企業経営承継円滑化法第2条に規定する「中小企業者」のうち、円滑化法認定を受けた会社のうち一定の要件を満たすものである。

　中小企業経営承継円滑化法における「中小企業者」とは、次ページ表のいずれかに該当する者をいう（円滑化法2、同法施行令1）。

| 主たる事業 | 資本金の額<br>（出資金の額） | 常時使用従業員数 |
|---|---|---|
| 製造業、建設業、運輸業その他の業種（以下に掲げるものを除く）に属する事業 | 3億円以下 | 300人以下 |
| 卸売業に属する事業（★の事業を除く） | 1億円以下 | 100人以下 |
| サービス業に属する事業（★の事業を除く） | 5,000万円以下 | 100人以下 |
| 小売業に属する事業（★の事業を除く） | 5,000万円以下 | 50人以下 |
| ★ゴム製品製造業に属する事業(以下を除く)<br>・自動車又は航空機用タイヤ及びチューブ製造業<br>・工業用ベルト製造業 | 3億円 | 900人 |
| ★ソフトウェア業又は情報処理サービス業に属する事業 | 3億円 | 300人 |
| ★旅館業に属する事業 | 5,000万円 | 200人 |

　このように、中小企業経営承継円滑化法における中小企業者の範囲は、中小企業基本法における中小企業者の一般的な範囲を基礎として、一定の事業（上表の★）が追加されたものである。

# 3 中小企業等経営強化法

　中小企業等経営強化法における支援措置（先端設備等導入、事業継続力強化など）の適用主体となる「中小企業者等」は、租税特別措置法における中小企業者等の定義と異なり、資本金の額、常時使用従業員数、業種等に応じて詳細に定められているものである。

## 1 中小企業者等

　本法における「中小企業者」は、業種ごとに、次ページ表の指標を満たす法人等及び個人とされている（強化法2①、強化令1～2）。

## ■中小企業等経営強化法における「中小企業者」の範囲

| | 属性 | 資本金の額<br>（出資の総額） | 常時使用<br>従業員数 | 主たる事業として営む事業が<br>属する業種 |
|---|---|---|---|---|
| 1 | 会社及び個人 | 3億円以下 | 300人以下 | 製造業、建設業、運輸業その他の業種<br>（2～5の業種を除く） |
| 2 | | 1億円以下 | 100人以下 | 卸売業（5の業種を除く） |
| 3 | | 5,000万円以下 | 100人以下 | サービス業（5の業種を除く） |
| 4 | | 5,000万円以下 | 50人以下 | 小売業（5の業種を除く） |
| 5 | | 3億円以下 | 900人以下 | ゴム製品製造業（自動車又は航空機用<br>タイヤ及びチューブ製造業ならびに工<br>業用ベルト製造業を除く） |
| | | | 300人以下 | ソフトウェア業又は情報処理サービス<br>業 |
| | | 5,000万円以下 | 200人以下 | 旅館業 |
| 6 | 企業組合 | | | |
| 7 | 協同組合 | | | |
| 8 | 以下に掲げる組合及び連合会<br>・事業協同組合、事業協同小組合及び協同組合連合会<br>・水産加工業協同組合、水産加工業協同組合連合会<br>・商工組合及び商工組合連合会<br>・商店街振興組合及び商店街振興組合連合会<br>・生活衛生協同組合、生活衛生協同小組合及び生活衛生協同組合連合会であって、その直接又は間接の構成員の3分の2以上が資本金の額（出資の総額）5,000万円以下[55]とする法人、又は常時50人以下[56]の従業員を使用する者であるもの<br>・酒造組合、酒造組合連合会及び酒造組合中央会であって、その直接又は間接の構成員の3分の2以上が資本金の額（出資の総額）3億円以下とする法人、又は常時300人以下の従業員を使用する者であるもの | | | |

55　卸売業を主たる事業とする事業者については、1億円以下。

56　卸売業を主たる事業とする事業者については、100人以下。

・酒販組合、酒販組合連合会及び酒販組合中央会であって、その直接又は間接の構成員の３分の２以上が資本金額（出資の総額）5,000万円以下[57]とする法人、又は常時50人以下[58]の従業員を使用する者であるもの
・内航海運組合及び内航海運組合連合会であって、その直接又は間接の構成員の３分の２以上が資本金額（出資の総額）３億円以下とする法人、又は常時300人以下の従業員を使用する者であるもの
・技術研究組合であって、その直接又は間接の構成員の３分の２以上が上記１～７の中小企業者であるもの

　その上で、同法における中小企業者等とは、以下のいずれかに該当する者をいう（強化法２②）。

○中小企業者
○一般社団法人であって、その直接又は間接の構成員の３分の２以上が中小企業者であるもの
○以下の法人のうち、資本金の額（出資の総額）が10億円以下のもの
　・会社（上記の中小企業者に該当しない会社）
　・医業を主たる事業とする法人
　・歯科医業を主たる事業とする法人
○以下の法人及び個人のうち、常時使用従業者数が2,000人以下のもの
　・会社（上記の中小企業者等に該当しない会社）
　・医業を主たる事業とする法人（上記に該当しない法人）
　・歯科医業を主たる事業とする法人（上記に該当しない法人）
　・社会福祉法人
　・NPO（特定非営利活動）法人

　このように、中小企業者等の「等」の範囲には、資本金の額（出資の総額）が10億円以下の法人（強化法２③、強化令２①）及び常時使用従業員数が2,000人以下の法人（強化法２④、強化令２③）が含まれていることから、結局のところ会社については、業種にかかわらず資本金の額（出資の総額）

---

57　酒類卸売業者については、１億円以下。
58　酒類卸売業者については、100人以下。

が10億円以下又は常時使用従業員数が2,000人以下であれば、同法における「中小企業者等」に広く該当することとなる。

## 2　特定事業者

令和3年度の法改正により、同法による経営革新及び経営力向上のための支援措置を受けることのできる対象が「中小企業者等」から「特定事業者（又は特定事業者等）」に変更された。

ここで「特定事業者」とは、以下のいずれかに該当する者をいう（強化法2⑤、強化令4）。

| | 属性 | 常時使用従業員数 | 主たる事業として営む事業が属する業種 |
|---|---|---|---|
| 1 | 会社及び個人 | 500人以下 | 製造業、建設業、運輸業その他の業種（2〜4の業種を除く） |
| 2 | | 400人以下 | 卸売業（4の業種を除く） |
| 3 | | 300人以下 | 小売業又はサービス業（4の業種を除く） |
| 4 | | 500人以下 | ソフトウェア業、情報処理サービス業、旅館業 |
| 5 | 企業組合 | | |
| 6 | 協同組合 | | |
| 7 | 以下に掲げる組合及び連合会<br>・事業協同組合、事業協同小組合及び協同組合連合会<br>・水産加工業協同組合、水産加工業協同組合連合会<br>・商工組合及び商工組合連合会<br>・商店街振興組合及び商店街振興組合連合会<br>・生活衛生協同組合、生活衛生協同小組合及び生活衛生協同組合連合会であって、その直接又は間接の構成員の3分の2以上が常時300人以下[59]の従業員を使用する者であるもの<br>・酒造組合、酒造組合連合会及び酒造組合中央会であって、その直接又は間接の構成員の3分の2以上が常時500人以下の従業員を使用する者であるもの | | |

59 卸売業を主たる事業とする事業者については、400人以下。

| | |
|---|---|
| | ・酒販組合、酒販組合連合会及び酒販組合中央会であって、その直接又は間接の構成員の3分の2以上が常時300人以下[60]の従業員を使用する者であるもの<br>・内航海運組合及び内航海運組合連合会であって、その直接又は間接の構成員の3分の2以上が常時500人以下の従業員を使用する者であるもの<br>・技術研究組合であって、その直接又は間接の構成員の3分の2以上が上記1～6の者であるもの |
| 8 | 一般社団法人であって、その直接又は間接の構成員が上記1～7の者であるもの |

　さらに「特定事業者等」とは、以下のいずれかに該当するものをいう（強化法2⑥、強化令5）。

---

○特定事業者
○以下の法人及び個人のうち、常時使用人数が2,000人以下のもの（特定事業者に該当するものを除く）
　・会社
　・医業を主たる事業とする法人
　・歯科医業を主たる事業とする法人
　・社会福祉法人
　・NPO（特定非営利活動）法人

---

　このように、「特定事業者」は「中小企業者」と異なり資本金の額（出資の総額）による区分が存在しない点に特徴がある。

---

60　酒類卸売業者については、400人以下。

# 第4章

判定指標の取扱い

本章では、各種制度の適用対象となる「中小企業」に該当するかどうかの判定にあたり使用する指標の取扱いに関する留意事項について説明していくこととする。

## 1 法人税関係の取扱い

　法人税関係では、中小法人又は中小企業者等に該当するかどうかの判定にあたっては、「資本金の額（出資金の額）」又は「常時使用する従業員の数」を用いることとされる。

### 1 資本金の額（出資金の額）

　法人の貸借対照表において資本金（出資金）として計上した額を用いる。したがって、貸借対照表に資本金（出資金）が計上されていない法人は「資本（出資）を有しない法人」として取り扱われることとなるが、例えば以下の法人が該当する。

> ・公益法人等（法人税法別表第二に掲げる法人）
> ・人格のない社団等
> ・非出資の協同組合等
> ・相互会社
> ・一般社団法人又は一般財団法人
> ・社会福祉法人等
> ・NPO法人
> ・医療法人

### 2 常時使用する従業員の数

　租税特別措置法上の「みなし大企業」の判定に用いられる「常時使用従業員の数」は、常用であると日々雇い入れるものであるとを問わず、事務

所又は事業所に常時就労している職員、工員等（役員を除く）の総数によって判定することとされる（措通42の4(3)-3）。この場合において、法人が酒造り最盛期、野菜缶詰・瓶詰め製造最盛期等に数カ月程度の期間その労務に従事する者を使用するときは、それらの事業の性質を考慮して、その従事する者を「常時使用する従業員の数」に含めることとされる。

　また、出資を有しない法人のうち公益法人等又は人格のない社団等については、収益事業を営む場合に限り、その収益事業に係る所得についてのみ法人税が課されるものであるが、「常時使用従業員の数」としては、収益事業に従事する従業員数だけでなく、その全部の従業員数によって行うものとされる（措通42の4(3)-4）。

　なお、中小企業者の判定に「常時使用する従業員の数」を用いるのは資本（出資）を有しない法人のみであるから、資本金の額（出資金の額）が1億円以下の法人については、常時使用する従業員の数が1,000人を超えても原則として中小企業者に該当する（措通42の4(3)-2）。

## ③ 判定のタイミング

### [1] 概要

　法人が中小法人、中小企業者等又はみなし大企業に該当するかどうかを判定するタイミングは制度ごとに異なっており、事業年度終了時の現況によるものと、対象資産の取得・事業供用時によって判定するものがある。

　具体的には次ページ表の通りであるが、「みなし大企業」の判定も同じタイミングで行われることとなるので、あわせて留意が必要である。

| 制度の種類 | 判定のタイミング | |
|---|---|---|
| | 事業年度終了時 | 取得日及び事業供用日 |
| 法人税の軽減税率（法法66②） | ○ | |
| 特定同族会社の留保金課税の不適用（法法67⑧） | ○ | |
| 貸倒引当金（法法52①一） | ○ | |
| 繰越欠損金の損金算入限度額（法法57⑪一） | ○ | |
| 欠損金の繰戻し還付の適用（措法66の12一） | ○ | |
| 交際費等の定額控除限度額（措法61の4②） | ○ | |
| 研究開発税制（中小企業技術基盤強化税制）（措通42の4（3）-1） | ○ | |
| 中小企業投資促進税制（措通42-6-1） | | ○ |
| 地方拠点強化税制（オフィス減税）（措通42の11の3-2） | | ○ |
| 中小企業経営強化税制（措通42の12の4-1） | | ○ |
| 所得拡大促進税制（措通42の12の5-1） | ○ | |
| 法人税の額から控除される特別控除額の特例（措通42の13-2） | ○ | |
| 被災代替資産の特別償却（措通43の3-8、震災特例法関係通達（法人税編）18-10） | | ○ |
| 特定事業継続力強化設備等の特別償却（措通44の2-1） | | ○ |
| 特定地域における産業振興機械等の割増償却（措通45-13） | | ○ |
| 中小企業事業再編投資損失準備金（措法55の2） | ○ | |
| 中小企業者等の貸倒引当金の特例（措法57の9①） | ○ | |
| 中小企業者等の少額減価償却資産の取得価額の損金算入の特例（措通67の5-1） | | ○ |

---

【ポイント】

　期中の増減資により資本金の額（出資金の額）が変動した場合、判定タイミングが「事業年度末の現況」によるものについては、変動後の金額で判断することとなる。

　そのため、期中増資によって事業年度末における資本金の額（出資金の額）が1億円を超えることとなった場合には、中小企業に該当しないこととなる。

　これに対し、判定タイミングが「対象設備の取得日及び事業供用日」によるものについては、同一事業年度中であっても、増減資の前後で中小企業に該当するかどうかが異なることとなる。

---

［2］設例による解説

〈中小企業投資促進税制における判定時期〉

　基準日ごとの資本金の額を下表の通りと仮定したとき、設備A及び設備Bについて、中小企業投資促進税制の適用を受けることができるか。

　なお、「みなし大企業」及び「適用事業除外者」には該当しないものとする。

| 基準日 | 資本金の額 | | |
|---|---|---|---|
| | ケース1 | ケース2 | ケース3 |
| 前事業年度末 | 10,000,000円 | 10,000,000円 | 300,000,000円 |
| 設備A取得日・事業供用日（同日） | 150,000,000円 | 50,000,000円 | 300,000,000円 |
| 設備B取得日 | 150,000,000円 | 50,000,000円 | 300,000,000円 |
| 設備B事業供用日 | 150,000,000円 | 150,000,000円 | 98,000,000円 |
| 当事業年度末 | 100,000,000円 | 150,000,000円 | 98,000,000円 |

| 回答 |

以下の通りとなる（○：適用あり、×：適用なし）

|  | ケース1 | ケース2 | ケース3 |
|---|---|---|---|
| 設備A | × | ○ | × |
| 設備B | × | × | × |

| 解説 |

　法人が事業年度の中途において中小企業者等に該当しないこととなった場合においても、その該当しないこととなった日以前に取得等をして指定事業の用に供した特定機械装置等については、その法人が適用除外事業者に該当しない限り、本税制の適用があることとされている（措通42の6-1）。

　すなわち、本税制の適用を受けるためには、「中小企業者等」に該当している期間中に該当資産を取得し事業の用に供することが必要である。

　言い換えれば、本税制の適用を受けるためには、取得日及び事業供用日の**両日ともに**、現況から「中小企業者等」と判定されることが必要である。

〈ケース1〉

　設備A及び設備Bのいずれも、取得日及び事業供用日の両日ともに資本金の額が1億円を超えていることから、中小企業者等には該当せず本税制の適用を受けることができない。

〈ケース2〉

　設備Aについては、取得日及び事業供用日（同一の日）における資本金の額が1億円以下であることから、中小企業者等に該当するものとして本税制の適用を受けることができる。

　これに対して設備Bについては、取得日時点では資本金の額が1億円以下であるものの、事業供用日の時点で資本金の額が1億円を超えている。この場合、「両日ともに」中小企業者に該当していると判定することができないから、本税制の適用を受けることができない。

〈ケース3〉

　設備Aについては、取得日及び事業供用日（同一の日）における資本金の額が１億円を超えていることから、中小企業等には該当せず本税制の適用を受けることができない。

　また設備Bについては、取得日時点では資本金の額が１億円を超えているものの、事業供用日の時点で資本金の額が１億円以下となっている。しかしこの場合も「両日ともに」中小企業者に該当していると判定することができないから、本税制の適用を受けることができない。

## 2　適用除外事業者の判定

　適用除外事業者に該当するかどうかの判定は、平均所得金額が15億円を超えるかどうかによって行われる（措法42の４⑧八）。

　平均所得金額の算定基礎となる「各基準年度の所得の金額」は、判定対象事業年度開始の日前３年以内に終了した各事業年度の所得の金額をいうから、実際には判定対象事業年度中であればいつでも計算し、判定することができる。

　ただし、各基準年度の所得の金額について、後日修正申告や更正により変更された場合には、変更後の正当額によって再度判定を行う必要がある（措通42の３の４（３）-１の２）。

　詳細は第３章第１節 **8** を参照されたい。

## 3　消費税の取扱い

　消費税における小規模事業者又は中小事業者の判定には基準期間又は特定期間における課税売上高を用いるが、「新設法人の納税義務の免除の特例」の適用可否については、その法人の事業年度開始の日における資本金の額（出資金の額）により判定される。

　詳細は第３章第３節を参照されたい。

## 4 相続税（取引相場のない株式の評価）の取扱い

　会社の分類に用いられる総資産価額、従業員数、直前期末以前 1 年間における取引金額の具体的な内容と判定時期は下表の通りである（財基通178）。

| 項目 | 判定時期 | 留意事項[1] |
|------|---------|-----------|
| 総資産価額 | 課税時期の直前に終了した事業年度の末日（直前期末） | ・固定資産の減価償却累計額を間接法によって表示している場合には、これを控除する。<br>・売掛金、受取手形、貸付金等に対する貸倒引当金は控除しない。<br>・前払費用、繰延資産、繰延税金資産など、確定決算上の資産として計上されている資産は、帳簿価額の合計額に含める。<br>・収用や特定の資産の買換え等の場合において、圧縮記帳引当金勘定に繰り入れた金額、圧縮記帳積立金として積み立てた金額並びに特別勘定に繰り入れた金額は、帳簿価額の合計額から控除しない。 |
| 従業員数 | 直前期末 | ・算定式は以下の通りである。<br><br>継続勤務従業員の数　＋<br>継続勤務従業員以外の従業員の 1 年間における労働時間の合計時間数<br>従業員 1 人当たり平均労働時間数（1,800時間）<br><br>・継続勤務従業員とは、直前期末以前 1 年間において継続して評価会社に勤務していた従業員（就業規則等で定められた 1 週間当たりの労働時間が30時間未満の従業員を除く）をいう。 |
| 直前期末 1 年間における取引金額 | 直前期 | ・その会社の目的とする事業に係る収入金額を用いる。<br>・金融業や証券業については、収入利息及び収入手数料が該当する。<br>・直前期の事業年度が 1 年未満であるときには、課税時期の直前期末以前 1 年間の実際の収入金額によることとなるが、実際の収入金額を明確に区分することが困難な期間がある場合には、その期間の収入金額を月数按分して求めた金額によっても差し支えない。 |

---

1　国税庁『取引相場のない株式(出資)の評価明細書の記載方法等』3 頁・ 4 頁

# 5 中小企業基本法・中小企業経営承継円滑化法

　中小企業基本法及び中小企業経営承継円滑化法における中小企業者の判定に用いられる「資本金の額（出資金の額）」及び「常時使用従業員数」の判定時期については、これらの法律上は明確にされていない。具体的な判定時期については、かかる中小企業者を対象とした具体的な施策に応じて決定されるべきものと考えられる。

　例えば、中小企業基本法に定める中小企業者を対象とした「中小企業経営強化税制」（措法42の12の4）では、中小企業者に該当するかどうかは対象資産を取得して事業の用に供した日において判断することとされているから［→P137］、その時点における資本金の額（出資金の額）及び常時使用従業員数を用いて判断すべきこととなる。

# 参考条文

※　本書の内容に関連する税法等条文のうち一部を抜粋しています。

## ○法人税法第52条

次に掲げる内国法人が、その有する金銭債権（債券に表示されるべきものを除く。以下この項及び次項において同じ。）のうち、更生計画認可の決定に基づいて弁済を猶予され、又は賦払により弁済されることその他の政令で定める事実が生じていることによりその一部につき貸倒れその他これに類する事由による損失が見込まれるもの（当該金銭債権に係る債務者に対する他の金銭債権がある場合には、当該他の金銭債権を含む。以下この条において「個別評価金銭債権」という。）のその損失の見込額として、各事業年度（被合併法人の適格合併に該当しない合併の日の前日の属する事業年度及び残余財産の確定（その残余財産の分配が適格現物分配に該当しないものに限る。次項において同じ。）の日の属する事業年度を除く。）において損金経理により貸倒引当金勘定に繰り入れた金額については、当該繰り入れた金額のうち、当該事業年度終了の時において当該個別評価金銭債権の取立て又は弁済の見込みがないと認められる部分の金額を基礎として政令で定めるところにより計算した金額（第5項において「個別貸倒引当金繰入限度額」という。）に達するまでの金額は、当該事業年度の所得の金額の計算上、損金の額に算入する。

一　当該事業年度終了の時において次に掲げる法人に該当する内国法人（当該内国法人が連結子法人である場合には、当該事業年度終了の時において当該内国法人に係る連結親法人が次に掲げる法人に該当する場合における当該内国法人に限る。）

　イ　普通法人（投資法人及び特定目的会社を除く。）のうち、資本金の額若しくは出資金の額が1億円以下であるもの（第66条第6項第2号又は第3号（各事業年度の所得に対する法人税の税率）に掲げる法人に該当するものを除く。）又は資本若しくは出資を有しないもの

　ロ　公益法人等又は協同組合等

　ハ　人格のない社団等

------

## ○法人税法第57条（青色申告書を提出した事業年度の欠損金の繰越し）

11　次の各号に掲げる内国法人の当該各号に定める各事業年度の所得に係る第1項ただし書の規定の適用については、同項ただし書中「所得の金額の100分の50に相当する金額」とあるのは、「所得の金額」とする。

一　第1項の各事業年度終了の時において次に掲げる法人（次号及び第3号において「中小法人等」という。）に該当する内国法人　　当該各事業年度

イ　普通法人（投資法人、特定目的会社及び第4条の7（受託法人等に関するこの法律の適用）に規定する受託法人を除く。第3号及び第58条第6項第3号において同じ。）のうち、資本金の額若しくは出資金の額が1億円以下であるもの（第66条第6項第2号又は第3号（各事業年度の所得に対する法人税の税率）に掲げる法人に該当するものを除く。）又は資本若しくは出資を有しないもの（保険業法に規定する相互会社を除く。）

ロ　公益法人等又は協同組合等

ハ　人格のない社団等

- - - - - - - - - - - - - - - - - - - - - - - - - - - - - - - - - - - - - - - - - -

## ○法人税法第66条（各事業年度の所得に対する法人税の税率）

6　内国法人である普通法人のうち各事業年度終了の時において次に掲げる法人に該当するものについては、第2項の規定は、適用しない。

二　大法人（次に掲げる法人をいう。以下この号及び次号において同じ。）との間に当該大法人による完全支配関係がある普通法人

イ　資本金の額又は出資金の額が5億円以上である法人

ロ　相互会社（これに準ずるものとして政令で定めるものを含む。）

ハ　第4条の7（受託法人等に関するこの法律の適用）に規定する受託法人（第6号において「受託法人」という。）

三　普通法人との間に完全支配関係がある全ての大法人が有する株式及び出資の全部を当該全ての大法人のうちいずれか一の法人が有するものとみなした場合において当該いずれか一の法人と当該普通法人との間に当該いずれか一の法人による完全支配関係があることとなるときの当該普通法人（前号に掲げる法人を除く。）

- - - - - - - - - - - - - - - - - - - - - - - - - - - - - - - - - - - - - - - - - -

## ○法人税法第67条（特定同族会社の特別税率）

内国法人である特定同族会社（被支配会社で、被支配会社であることについての判定の基礎となった株主等のうちに被支配会社でない法人がある場合には、当該法人をその判定の基礎となる株主等から除外して判定するものとした場合においても被支配会社となるもの（資本金の額又は出資金の額が1億円以下であるものにあっては、前条第6項第2号から第5号までに掲げるものに限る。）をいい、清算中のものを除く。以下この条において同じ。）の各事業年度の留保金額が留保控除額を超える場合

には、その特定同族会社に対して課する各事業年度の所得に対する法人税の額は、前条第1項又は第2項の規定にかかわらず、これらの規定により計算した法人税の額に、その超える部分の留保金額を次の各号に掲げる金額に区分してそれぞれの金額に当該各号に定める割合を乗じて計算した金額の合計額を加算した金額とする。

　　一　年3,000万円以下の金額　　　100分の10

　　二　年3,000万円を超え、年1億円以下の金額　　　100分の15

　　三　年1億円を超える金額　　　100分の20

2　前項に規定する被支配会社とは、会社（投資法人を含む。以下この項及び第8項において同じ。）の株主等（その会社が自己の株式又は出資を有する場合のその会社を除く。）の1人並びにこれと政令で定める特殊の関係のある個人及び法人がその会社の発行済株式又は出資（その会社が有する自己の株式又は出資を除く。）の総数又は総額の100分の50を超える数又は金額の株式又は出資を有する場合その他政令で定める場合におけるその会社をいう。

8　第1項の場合において、会社が同項の特定同族会社に該当するかどうかの判定は、当該会社の当該事業年度終了の時の現況による。

----------------------------------------------------------------

## ○法人税法第75条の3（電子情報処理組織による申告）

2　前項に規定する特定法人とは、次に掲げる法人をいう。

　　一　当該事業年度開始の時における資本金の額又は出資金の額が1億円を超える法人

　　二　保険業法に規定する相互会社

　　三　投資法人（第1号に掲げる法人を除く。）

　　四　特定目的会社（第1号に掲げる法人を除く。）

4　第1項本文の規定により行われた同項の申告は、同項の国税庁の使用に係る電子計算機に備えられたファイルへの記録がされた時に税務署長に到達したものとみなす。

----------------------------------------------------------------

## ○法人税法施行令第139条の7（被支配会社の範囲）

　法第67条第2項（特定同族会社の特別税率）に規定する政令で定める特殊の関係

のある個人は、次に掲げる者とする。

一　株主等の親族

二　株主等と婚姻の届出をしていないが事実上婚姻関係と同様の事情にある者

三　株主等（個人である株主等に限る。次号において同じ。）の使用人

四　前3号に掲げる者以外の者で株主等から受ける金銭その他の資産によって生計を維持しているもの

五　前3号に掲げる者と生計を一にするこれらの者の親族

2　法第67条第2項に規定する政令で定める特殊の関係のある法人は、次に掲げる会社とする。

一　法第67条第2項に規定する被支配会社であるかどうかを判定しようとする会社（投資法人を含む。以下この条において同じ。）の株主等（当該会社が自己の株式又は出資を有する場合の当該会社を除く。以下この項及び第4項において「判定会社株主等」という。）の1人（個人である判定会社株主等については、その1人及びこれと前項に規定する特殊の関係のある個人。次号及び第3号において同じ。）が他の会社を支配している場合における当該他の会社

二　判定会社株主等の1人及びこれと前号に規定する特殊の関係のある会社が他の会社を支配している場合における当該他の会社

三　判定会社株主等の1人及びこれと前2号に規定する特殊の関係のある会社が他の会社を支配している場合における当該他の会社

3　前項各号に規定する他の会社を支配している場合とは、次に掲げる場合のいずれかに該当する場合をいう。

一　他の会社の発行済株式又は出資（その有する自己の株式又は出資を除く。）の総数又は総額の100分の50を超える数又は金額の株式又は出資を有する場合

二　他の会社の次に掲げる議決権のいずれかにつき、その総数（当該議決権を行使することができない株主等が有する当該議決権の数を除く。）の100分の50を超える数を有する場合

イ　事業の全部若しくは重要な部分の譲渡、解散、継続、合併、分割、株式交換、株式移転又は現物出資に関する決議に係る議決権

ロ　役員の選任及び解任に関する決議に係る議決権

ハ　役員の報酬、賞与その他の職務執行の対価として会社が供与する財産上の利益に関する事項についての決議に係る議決権

ニ　剰余金の配当又は利益の配当に関する決議に係る議決権

三　他の会社の株主等（合名会社、合資会社又は合同会社の社員（当該他の会社が業務を執行する社員を定めた場合にあっては、業務を執行する社員）に限る。）の総数の半数を超える数を占める場合

4　同一の個人又は法人と第2項に規定する特殊の関係のある2以上の会社が、判定会社株主等である場合には、その2以上の会社は、相互に同項に規定する特殊の関係のある会社であるものとみなす。

5　法第67条第2項に規定する政令で定める場合は、同項の会社の同項に規定する株主等の1人並びにこれと同項に規定する政令で定める特殊の関係のある個人及び法人がその会社の第3項第2号イからニまでに掲げる議決権のいずれかにつきその総数（当該議決権を行使することができない株主等が有する当該議決権の数を除く。）の100分の50を超える数を有する場合又はその会社の株主等（合名会社、合資会社又は合同会社の社員（その会社が業務を執行する社員を定めた場合にあっては、業務を執行する社員）に限る。）の総数の半数を超える数を占める場合とする。

6　個人又は法人との間で当該個人又は法人の意思と同一の内容の議決権を行使することに同意している者がある場合には、当該者が有する議決権は当該個人又は法人が有するものとみなし、かつ、当該個人又は法人（当該議決権に係る会社の株主等であるものを除く。）は当該議決権に係る会社の株主等であるものとみなして、第3項及び前項の規定を適用する。

- - - - - - - - - - - - - - - - - - - - - - - - - - - - - - - - - - - - - - - - -

## ○消費税法第9条（小規模事業者に係る納税義務の免除）

　事業者のうち、その課税期間に係る基準期間における課税売上高が1,000万円以下である者については、第5条第1項の規定にかかわらず、その課税期間中に国内において行った課税資産の譲渡等及び特定課税仕入れにつき、消費税を納める義務を免除する。ただし、この法律に別段の定めがある場合は、この限りでない。

2　前項に規定する基準期間における課税売上高とは、次の各号に掲げる事業者の区分に応じ当該各号に定める金額をいう。

一　個人事業者及び基準期間が1年である法人　　基準期間中に国内において

行った課税資産の譲渡等の対価の額（第28条第１項に規定する対価の額をいう。以下この項、次条第２項、第11条第４項及び第12条の３第１項において同じ。）の合計額から、イに掲げる金額からロに掲げる金額を控除した金額の合計額（以下この項及び第11条第４項において「売上げに係る税抜対価の返還等の金額の合計額」という。）を控除した残額

　　イ　基準期間中に行った第38条第１項に規定する売上げに係る対価の返還等の金額

　　ロ　基準期間中に行った第38条第１項に規定する売上げに係る対価の返還等の金額に係る消費税額に78分の100を乗じて算出した金額

　二　基準期間が１年でない法人　　基準期間中に国内において行った課税資産の譲渡等の対価の額の合計額から当該基準期間における売上げに係る税抜対価の返還等の金額の合計額を控除した残額を当該法人の当該基準期間に含まれる事業年度の月数の合計数で除し、これに12を乗じて計算した金額

- - - - - - - - - - - - - - - - - - - - - - - - - - - - - - - - - - - - - - -

## ○消費税法第37条（中小事業者の仕入れに係る消費税額の控除の特例）

　事業者（第９条第１項本文の規定により消費税を納める義務が免除される事業者を除く。）が、その納税地を所轄する税務署長にその基準期間における課税売上高（同項に規定する基準期間における課税売上高をいう。以下この項及び次条第１項において同じ。）が5,000万円以下である課税期間（第12条第１項に規定する分割等に係る同項の新設分割親法人又は新設分割子法人の政令で定める課税期間（以下この項及び次条第１項において「分割等に係る課税期間」という。）を除く。）についてこの項の規定の適用を受ける旨を記載した届出書を提出した場合には、当該届出書を提出した日の属する課税期間の翌課税期間（当該届出書を提出した日の属する課税期間が事業を開始した日の属する課税期間その他の政令で定める課税期間である場合には、当該課税期間）以後の課税期間（その基準期間における課税売上高が5,000万円を超える課税期間及び分割等に係る課税期間を除く。）については、第30条から前条までの規定により課税標準額に対する消費税額から控除することができる課税仕入れ等の税額の合計額は、これらの規定にかかわらず、次に掲げる金額の合計額とする。この場合において、当該金額の合計額は、当該課税期間における仕入れに係る消費税額とみなす。

　一　当該事業者の当該課税期間の課税資産の譲渡等（第７条第１項、第８条第１項その他の法律又は条約の規定により消費税が免除されるものを除く。）に係る課税標準である金額の合計額に対する消費税額から当該課税期間における第38

条第１項に規定する売上げに係る対価の返還等の金額に係る消費税額の合計額を控除した残額の100分の60に相当する金額（卸売業その他の政令で定める事業を営む事業者にあっては、当該残額に、政令で定めるところにより当該事業の種類ごとに当該事業における課税資産の譲渡等に係る消費税額のうちに課税仕入れ等の税額の通常占める割合を勘案して政令で定める率を乗じて計算した金額）

二　当該事業者の当該課税期間の特定課税仕入れに係る課税標準である金額の合計額に対する消費税額から当該課税期間における第38条の２第１項に規定する特定課税仕入れに係る対価の返還等を受けた金額に係る消費税額の合計額を控除した残額

- - - - - - - - - - - - - - - - - - - - - - - - - - - - - - - - - - - - - - - - - - - - - - - - -

## ○消費税法第46条の２（電子情報処理組織による申告の特例）

2　前項に規定する特定法人とは、次に掲げる事業者をいう。

一　当該事業年度開始の時における資本金の額、出資の金額その他これらに類するものとして政令で定める金額が１億円を超える法人（法人税法第２条第４号（定義）に規定する外国法人を除く。）

二　保険業法（平成７年法律第105号）第２条第５項（定義）に規定する相互会社

三　投資信託及び投資法人に関する法律（昭和26年法律第198号）第２条第12項（定義）に規定する投資法人（第１号に掲げる法人を除く。）

四　資産の流動化に関する法律（平成10年法律第105号）第２条第３項（定義）に規定する特定目的会社（第１号に掲げる法人を除く。）

五　国又は地方公共団体

4　第１項の規定により行われた同項の申告は、同項の国税庁の使用に係る電子計算機に備えられたファイルへの記録がされた時に税務署長に到達したものとみなす。

- - - - - - - - - - - - - - - - - - - - - - - - - - - - - - - - - - - - - - - - - - - - - - - - -

## ○租税特別措置法第42条の３の２

次の表の第１欄に掲げる法人又は人格のない社団等（普通法人のうち各事業年度終了の時において法人税法第66条第６項各号若しくは第143条第５項各号に掲げる法人又は次条第８項第８号に規定する適用除外事業者に該当するものを除く。）の平成24年４月１日から令和５年３月31日までの間に開始する各事業年度の所得に係る同法その他法人税に関する法令の規定の適用については、同欄に掲げる法人又は人格

のない社団等の区分に応じ同表の第2欄に掲げる規定中同表の第3欄に掲げる税率
は、同表の第4欄に掲げる税率とする。

| 第1欄 | 第2欄 | 第3欄 | 第4欄 |
|---|---|---|---|
| 一　普通法人のうち当該各事業年度終了の時において資本金の額若しくは出資金の額が1億円以下であるもの若しくは資本若しくは出資を有しないもの（第4号に掲げる法人を除く。）又は人格のない社団等 | 法人税法第66条第2項及び第143条第2項 | 100分の19 | 100分の15 |
| 二　一般社団法人等（法人税法別表第2に掲げる一般社団法人及び一般財団法人並びに公益社団法人及び公益財団法人をいう。）又は同法以外の法律によって公益法人等とみなされているもので政令で定めるもの | 法人税法第66条第2項 | 100分の19 | 100分の15 |
| 三　公益法人等（前号に掲げる法人を除く。）又は協同組合等（第68条第1項に規定する協同組合等を除く。） | 法人税法第66条第3項 | 100分の19 | 100分の19（各事業年度の所得の金額のうち年800万円以下の金額については、100分の15） |
| 四　第67条の2第1項の規定による承認を受けている同項に規定する医療法人 | 同項 | 100分の19 | 100分の19（各事業年度の所得の金額のうち年800万円以下の金額については、100分の15） |

---

## ○租税特別措置法第42条の4（試験研究を行った場合の法人税額の特別控除）

4　中小企業者（適用除外事業者に該当するものを除く。）又は農業協同組合等で、青色申告書を提出するもの（以下この項において「中小企業者等」という。）の各事業年度（第1項の規定の適用を受ける事業年度、解散（合併による解散を除く。）の日を含む事業年度及び清算中の各事業年度を除く。）において、試験研究費の額がある場合には、当該中小企業者等の当該事業年度の所得に対する調整前法人税額から、当該事業年度の試験研究費の額の100分の12に相当する金額（以下この項において「中小企業者等税額控除限度額」という。）を控除する。この場合において、当該中小

企業者等税額控除限度額が、中小企業者等控除上限額（当該中小企業者等の当該事業年度の所得に対する調整前法人税額の100分の25に相当する金額をいう。）を超えるときは、その控除を受ける金額は、当該中小企業者等控除上限額を限度とする。

8　この条において、次の各号に掲げる用語の意義は、当該各号に定めるところによる。

七　中小企業者　　中小企業者に該当する法人として政令で定めるものをいう。

八　適用除外事業者　　当該事業年度開始の日前3年以内に終了した各事業年度（以下この号において「基準年度」という。）の所得の金額の合計額を各基準年度の月数の合計数で除し、これに12を乗じて計算した金額（設立後3年を経過していないこと、既に基準年度の所得に対する法人税の額につき法人税法第80条の規定の適用があつたこと、基準年度において合併、分割又は現物出資が行われたことその他の政令で定める事由がある場合には、当該計算した金額につき当該事由の内容に応じ調整を加えた金額として政令で定めるところにより計算した金額）が15億円を超える法人をいう。

九　農業協同組合等　　農業協同組合、農業協同組合連合会、中小企業等協同組合、出資組合である商工組合及び商工組合連合会、内航海運組合、内航海運組合連合会、出資組合である生活衛生同業組合、漁業協同組合、漁業協同組合連合会、水産加工業協同組合、水産加工業協同組合連合会、森林組合並びに森林組合連合会をいう。

--------------------------------------------------

○ （旧）租税特別措置法第42条の5（高度省エネルギー増進設備等を取得した場合の特別償却又は法人税額の特別控除）

青色申告書を提出する法人が、平成30年4月1日（第2号及び第3号に掲げるものにあっては、エネルギーの使用の合理化等に関する法律の一部を改正する法律（平成30年法律第45号）の施行の日〔著者注：平成30年12月1日〕）から令和4年3月31日までの期間（次項において「指定期間」という。）内に、当該法人の次の各号に掲げる区分に応じ当該各号に定める減価償却資産（以下この条において「高度省エネルギー増進設備等」という。）でその製作若しくは建設の後事業の用に供されたことのないものを取得し、又は高度省エネルギー増進設備等を製作し、若しくは建設して、これを国内にある当該法人の事業の用に供した場合（貸付けの用に供した場合を除く。同項において同じ。）には、その事業の用に供した日を含む事業年度（解散（合併による解散を除く。）の日を含む事業年度及び清算中の各事業年度を除く。同項において「供用年度」という。）の当該高度省エネルギー増進設備等に係る償却費として損

金の額に算入する金額の限度額（以下この節において「償却限度額」という。）は、法人税法第31条第1項又は第2項の規定にかかわらず、当該高度省エネルギー増進設備等の普通償却限度額（同条第1項に規定する償却限度額又は同条第2項に規定する償却限度額に相当する金額をいう。以下この節において同じ。）と特別償却限度額（当該高度省エネルギー増進設備等の取得価額の100分の20に相当する金額をいう。）との合計額とする。

一　エネルギーの使用の合理化等に関する法律第7条第3項ただし書に規定する特定事業者、同法第19条第1項に規定する特定連鎖化事業者（同項に規定する特定連鎖化事業者が行う連鎖化事業（同法第18条第1項に規定する連鎖化事業をいう。以下この号において同じ。）の加盟者（同法第18条第1項に規定する加盟者をいう。以下この号において同じ。）を含む。）又は同法第29条第2項に規定する認定管理統括事業者若しくは同項第2号に規定する管理関係事業者（同項に規定する認定管理統括事業者又は同号に規定する管理関係事業者が同法第18条第2項ただし書に規定する特定連鎖化事業者である場合には、これらの者が行う連鎖化事業の加盟者を含む。）　同法第15条第1項、第26条第1項又は第37条第1項の規定によりこれらの規定の主務大臣に提出されたこれらの規定の計画において設置するものとして記載されたエネルギー（同法第2条第1項に規定するエネルギーをいう。以下第3号までにおいて同じ。）の使用の合理化のための機械その他の減価償却資産でエネルギーの使用の合理化に特に効果の高いものとして政令で定めるもの（これらの加盟者の同法第26条第1項又は第37条第1項の計画に係るものにあっては、これらの加盟者が設置しているこれらの連鎖化事業に係る同法第3条第1項に規定する工場等に係るものとして政令で定めるものに限る。）

二　エネルギーの使用の合理化等に関する法律第46条第1項の認定を受けた同項の工場等を設置している者　当該認定に係る同法第47条第3項に規定する連携省エネルギー計画に記載された同法第46条第1項に規定する連携省エネルギー措置の実施により取得又は製作若しくは建設（次号において「取得等」という。）をされる機械その他の減価償却資産でエネルギーの使用の合理化に資するものとして政令で定めるもの

三　エネルギーの使用の合理化等に関する法律第117条第1項の認定を受けた同項の荷主　当該認定に係る同法第118条第3項に規定する荷主連携省エネルギー計画に記載された同法第117条第1項に規定する荷主連携省エネルギー措置の実施により取得等をされる機械その他の減価償却資産でエネルギーの使用の合理化に資するものとして政令で定めるもの

## ○租税特別措置法第42条の6（中小企業者等が機械等を取得した場合の特別償却又は法人税額の特別控除）

第42条の4第8項第7号に規定する中小企業者（同項第8号に規定する適用除外事業者に該当するものを除く。）又は同項第9号に規定する農業協同組合等若しくは商店街振興組合で、青色申告書を提出するもの（以下この条において「中小企業者等」という。）が、平成10年6月1日から令和5年3月31日までの期間（次項において「指定期間」という。）内に、次に掲げる減価償却資産（第1号又は第2号に掲げる減価償却資産にあっては政令で定める規模のものに限るものとし、匿名組合契約その他これに類する契約として政令で定める契約の目的である事業の用に供するものを除く。以下この条において「特定機械装置等」という。）でその製作の後事業の用に供されたことのないものを取得し、又は特定機械装置等を製作して、これを国内にある当該中小企業者等の営む製造業、建設業その他政令で定める事業の用（第4号に規定する事業を営む法人で政令で定めるもの以外の法人の貸付けの用を除く。以下この条において「指定事業の用」という。）に供した場合には、その指定事業の用に供した日を含む事業年度（解散（合併による解散を除く。）の日を含む事業年度及び清算中の各事業年度を除く。次項及び第9項において「供用年度」という。）の当該特定機械装置等に係る償却費として損金の額に算入する金額の限度額（以下この節において「償却限度額」という。）は、法人税法第31条第1項又は第2項の規定にかかわらず、当該特定機械装置等の普通償却限度額（同条第1項に規定する償却限度額又は同条第2項に規定する償却限度額に相当する金額をいう。以下この節において同じ。）と特別償却限度額（当該特定機械装置等の取得価額（第4号に掲げる減価償却資産にあっては、当該取得価額に政令で定める割合を乗じて計算した金額。次項において「基準取得価額」という。）の100分の30に相当する金額をいう。）との合計額とする。

一　機械及び装置並びに工具（工具については、製品の品質管理の向上等に資するものとして財務省令で定めるものに限る。）

二　ソフトウエア（政令で定めるものに限る。）

三　車両及び運搬具（貨物の運送の用に供される自動車で輸送の効率化等に資するものとして財務省令で定めるものに限る。）

四　政令で定める海上運送業の用に供される船舶

2　特定中小企業者等（中小企業者等のうち政令で定める法人以外の法人をいう。

以下この項において同じ。）が、指定期間内に、特定機械装置等でその製作の後事業の用に供されたことのないものを取得し、又は特定機械装置等を製作して、これを国内にある当該特定中小企業者等の営む指定事業の用に供した場合において、当該特定機械装置等につき前項の規定の適用を受けないときは、供用年度の所得に対する調整前法人税額（第42条の4第8項第2号に規定する調整前法人税額をいう。以下第4項までにおいて同じ。）からその指定事業の用に供した当該特定機械装置等の基準取得価額の合計額の100分の7に相当する金額（以下この項及び第4項において「税額控除限度額」という。）を控除する。この場合において、当該特定中小企業者等の供用年度における税額控除限度額が、当該特定中小企業者等の当該供用年度の所得に対する調整前法人税額の100分の20に相当する金額を超えるときは、その控除を受ける金額は、当該100分の20に相当する金額を限度とする。

――――――――――――――――――――――――――――――――――――――

## ○租税特別措置法第42条の11の3（地方活力向上地域等において特定建物等を取得した場合の特別償却又は法人税額の特別控除）

青色申告書を提出する法人で地域再生法の一部を改正する法律（平成27年法律第49号）の施行の日〔著者注：平成27年8月10日〕から令和4年3月31日までの期間（次項において「指定期間」という。）内に地域再生法第17条の2第1項に規定する地方活力向上地域等特定業務施設整備計画（以下この項及び次項において「地方活力向上地域等特定業務施設整備計画」という。）について同条第3項の認定を受けたものが、当該認定を受けた日から同日の翌日以後2年を経過する日まで（同日までに同条第6項の規定により当該認定を取り消されたときは、その取り消された日の前日まで）の間に、当該認定をした同条第1項に規定する認定都道府県知事（次項において「認定都道府県知事」という。）が作成した同法第8条第1項に規定する認定地域再生計画（次項において「認定地域再生計画」という。）に記載されている同法第5条第4項第5号イ又はロに掲げる地域（当該認定を受けた地方活力向上地域等特定業務施設整備計画（同法第17条の2第4項の規定による変更の認定があったときは、その変更後のもの。以下この項において「認定地方活力向上地域等特定業務施設整備計画」という。）が同法第17条の2第1項第2号に掲げる事業に関する地方活力向上地域等特定業務施設整備計画（次項において「拡充型計画」という。）である場合には、同号に規定する地方活力向上地域）内において、当該認定地方活力向上地域等特定業務施設整備計画に記載された同法第5条第4項第5号に規定する特定業務施設に該当する建物及びその附属設備並びに構築物（政令で定める規模のものに限る。以下この条において「特定建物等」という。）でその建設の後事業の用に供されたことのないものを取得し、又は当該認定地方活力向上地域等特定業務施設整備計画に記載された特定建物等を建設して、これを当該法人の営む事業の用に供した場合

（貸付けの用に供した場合を除く。次項において同じ。）には、その事業の用に供した日を含む事業年度（解散（合併による解散を除く。）の日を含む事業年度及び清算中の各事業年度を除く。次項において「供用年度」という。）の当該特定建物等の償却限度額は、法人税法第31条第1項又は第2項の規定にかかわらず、当該特定建物等の普通償却限度額と特別償却限度額（当該特定建物等の取得価額の100分の15（当該認定地方活力向上地域等特定業務施設整備計画が地域再生法第17条の2第1項第1号に掲げる事業に関するものである場合には、100分の25）に相当する金額をいう。）との合計額とする。

----------------------------------------

## ○ （旧）租税特別措置法第42条の12の3（特定中小企業者等が経営改善設備を取得した場合の特別償却又は法人税額の特別控除）

中小企業等経営強化法第31条第2項に規定する認定経営革新等支援機関（これに準ずるものとして政令で定めるものを含む。以下この項において「認定経営革新等支援機関等」という。）による経営の改善に関する指導及び助言を受けた旨を明らかにする書類として財務省令で定めるもの（以下この項において「経営改善指導助言書類」という。）の交付を受けた法人のうち、第42条の6第1項に規定する中小企業者（第42条の4第8項第8号に規定する適用除外事業者に該当するものを除く。）又はこれに準ずるものとして政令で定める法人で、青色申告書を提出するもの（認定経営革新等支援機関等を除く。以下この条において「特定中小企業者等」という。）が、平成25年4月1日から令和3年3月31日までの期間（次項において「指定期間」という。）内に、経営の改善に資する資産としてその交付を受けた経営改善指導助言書類（認定経営革新等支援機関等がその資産の取得に係る計画の実施その他の取組が特定中小企業者等の経営の改善に特に資することにつき財務省令で定めるところにより確認をした旨の記載があるものに限る。）に記載された器具及び備品並びに建物附属設備（政令で定める規模のものに限る。以下この条において「経営改善設備」という。）でその製作若しくは建設の後事業の用に供されたことのないものを取得し、又は経営改善設備を製作し、若しくは建設して、これを国内にある当該特定中小企業者等の営む卸売業、小売業その他の政令で定める事業の用（貸付けの用を除く。以下この条において「指定事業の用」という。）に供した場合には、その指定事業の用に供した日を含む事業年度（解散（合併による解散を除く。）の日を含む事業年度及び清算中の各事業年度を除く。次項及び第9項において「供用年度」という。）の当該経営改善設備の償却限度額は、法人税法第31条第1項又は第2項の規定にかかわらず、当該経営改善設備の普通償却限度額と特別償却限度額（当該経営改善設備の取得価額の100分の30に相当する金額をいう。）との合計額とする。

2　特定中小企業者等（政令で定める法人を除く。以下この項において同じ。）が、指定期間内に、経営改善設備でその製作若しくは建設の後事業の用に供されたことのないものを取得し、又は経営改善設備を製作し、若しくは建設して、これを国内にある当該特定中小企業者等の営む指定事業の用に供した場合において、当該経営改善設備につき前項の規定の適用を受けないときは、供用年度の所得に対する調整前法人税額（第42条の4第8項第2号に規定する調整前法人税額をいう。以下第4項までにおいて同じ。）からその指定事業の用に供した当該経営改善設備の取得価額の合計額の100分の7に相当する金額（以下この項及び第4項において「税額控除限度額」という。）を控除する。この場合において、当該特定中小企業者等の供用年度における税額控除限度額が、当該特定中小企業者等の当該供用年度の所得に対する調整前法人税額の100分の20に相当する金額（第42条の6第2項の規定により当該供用年度の所得に対する調整前法人税額から控除される金額がある場合には、当該金額を控除した残額）を超えるときは、その控除を受ける金額は、当該100分の20に相当する金額を限度とする。

------------------------------------------------------------

## ○租税特別措置法第42条の12の4（中小企業者等が特定経営力向上設備等を取得した場合の特別償却又は法人税額の特別控除）

中小企業者等（第42条の4第8項第7号に規定する中小企業者（同項第8号に規定する適用除外事業者に該当するものを除く。）又は同項第9号に規定する農業協同組合等若しくは商店街振興組合で、青色申告書を提出するもののうち、中小企業等経営強化法第17条第1項の認定（以下この項において「認定」という。）を受けた同法第2条第6項に規定する特定事業者等（これに準ずるものとして政令で定めるものを含む。）に該当するものをいう。以下この条において同じ。）が、平成29年4月1日から令和5年3月31日までの期間（次項において「指定期間」という。）内に、生産等設備を構成する機械及び装置、工具、器具及び備品、建物附属設備並びに政令で定めるソフトウエアで、同法第17条第3項に規定する経営力向上設備等（経営の向上に著しく資するものとして財務省令で定めるもので、その中小企業者等のその認定に係る同条第1項に規定する経営力向上計画（同法第18条第1項の規定による変更の認定があったときは、その変更後のもの）に記載されたものに限る。）に該当するもののうち政令で定める規模のもの（以下この条において「特定経営力向上設備等」という。）でその製作若しくは建設の後事業の用に供されたことのないものを取得し、又は特定経営力向上設備等を製作し、若しくは建設して、これを国内にある当該中小企業者等の営む事業の用（第42条の6第1項に規定する指定事業の用に限る。以下この条において「指定事業の用」という。）に供した場合には、その指定事業の用に供した日を含む事業年度（解散（合併による解散を除く。）の日を含む事業年度及び

清算中の各事業年度を除く。次項及び第9項において「供用年度」という。）の当該
特定経営力向上設備等の償却限度額は、法人税法第31条第1項又は第2項の規定に
かかわらず、当該特定経営力向上設備等の普通償却限度額と特別償却限度額（当該特
定経営力向上設備等の取得価額から普通償却限度額を控除した金額に相当する金額を
いう。）との合計額とする。

--------------------------------------------------------------

## ○租税特別措置法第42条の12の5（給与等の支給額が増加した場合の法人税額の特別控除）

2　第42条の4第8項第7号に規定する中小企業者（同項第8号に規定する適用除
外事業者に該当するものを除く。）又は同項第9号に規定する農業協同組合等で、
青色申告書を提出するもの（以下この項及び次項第12号において「中小企業者等」
という。）が、平成30年4月1日から令和5年3月31日までの間に開始する各事
業年度（前項の規定の適用を受ける事業年度、設立事業年度、解散（合併による解
散を除く。）の日を含む事業年度及び清算中の各事業年度を除く。）において国内雇
用者に対して給与等を支給する場合において、当該事業年度において当該中小企業
者等の雇用者給与等支給額からその比較雇用者給与等支給額を控除した金額の当該
比較雇用者給与等支給額に対する割合が100分の1.5以上であるときは、当該中小
企業者等の当該事業年度の所得に対する調整前法人税額から、当該中小企業者等の
当該事業年度の控除対象雇用者給与等支給増加額（当該事業年度において第42条
の12の規定の適用を受ける場合には、同条の規定による控除を受ける金額の計算
の基礎となった者に対する給与等の支給額として政令で定めるところにより計算し
た金額を控除した残額）の100分の15（当該事業年度において次に掲げる要件を満
たす場合には、100分の25）に相当する金額（以下この項において「中小企業者等
税額控除限度額」という。）を控除する。この場合において、当該中小企業者等税
額控除限度額が、当該中小企業者等の当該事業年度の所得に対する調整前法人税額
の100分の20に相当する金額を超えるときは、その控除を受ける金額は、当該100
分の20に相当する金額を限度とする。

一　当該中小企業者等の継続雇用者給与等支給額からその雇用者比較給与等支給額
　　を控除した金額の当該比較雇用者給与等支給額に対する割合が100分の2.5以上
　　であること。

二　次に掲げる要件のいずれかを満たすこと。

　　イ　当該中小企業者等の当該事業年度の所得の金額の計算上損金の額に算入され
　　　る教育訓練費の額からその比較教育訓練費の額を控除した金額の当該比較教育

訓練費の額に対する割合が100分の10以上であること。

ロ　当該中小企業者等が、当該事業年度終了の日までにおいて中小企業等経営強化法第17条第1項の認定を受けたものであり、当該認定に係る同項に規定する経営力向上計画（同法第18条第1項の規定による変更の認定があったときは、その変更後のもの）に記載された同法第2条第10項に規定する経営力向上が確実に行われたことにつき財務省令で定めるところにより証明がされたものであること。

--------------------------------------------------------------------

## ○租税特別措置法第42条の13（法人税の額から控除される特別控除額の特例）

6　法人（第42条の4第8項第7号に規定する中小企業者（同項第8号に規定する適用除外事業者に該当するものを除く。）又は同項第9号に規定する農業協同組合等を除く。第1号及び第2号において同じ。）が、平成30年4月1日から令和6年3月31日までの間に開始する各事業年度（以下この項及び第8項において「対象年度」という。）において第1項第1号、第3号、第8号、第15号又は第16号に掲げる規定（以下この項及び第8項において「特定税額控除規定」という。）の適用を受けようとする場合において、当該対象年度において次に掲げる要件のいずれにも該当しないとき（当該対象年度（第42条の12の5第3項第1号に規定する設立事業年度及び合併等事業年度のいずれにも該当しない事業年度に限る。以下この項において「特定対象年度」という。）の所得の金額が当該特定対象年度の前事業年度の所得の金額以下である場合として政令で定める場合を除く。）は、当該特定税額控除規定は、適用しない。

一　イに掲げる金額がロに掲げる金額を超えること。

イ　当該法人の継続雇用者（当該対象年度及び当該対象年度開始の日の前日を含む事業年度（当該前日を含む事業年度が連結事業年度に該当する場合には、当該前日を含む連結事業年度。ロにおいて「前事業年度等」という。）の期間内の各月において当該法人の第42条の12の5第3項第3号に規定する給与等（以下この号において「給与等」という。）の支給を受けた同項第9号に規定する国内雇用者として政令で定めるものをいう。ロにおいて同じ。）に対する当該対象年度の給与等の支給額（その給与等に充てるため他の者（当該法人との間に連結完全支配関係がある他の連結法人及び当該法人が外国法人である場合の法人税法第138条第1項第1号に規定する本店等を含む。）から支払を受ける金額（国又は地方公共団体から受ける雇用保険法第62条第1項第1号に掲げる事業として支給が行われる助成金その他これに類するものの額を除く。

イにおいて「他の者からの受取額」という。）がある場合には、当該他の者からの受取額を控除した金額。ロにおいて同じ。）として政令で定める金額

　ロ　当該法人の継続雇用者に対する前事業年度等の給与等の支給額として政令で定める金額

二　イに掲げる金額がロに掲げる金額の100分の30に相当する金額を超えること。

　イ　当該法人が当該対象年度において取得等（取得又は製作若しくは建設をいい、合併、分割、贈与、交換、現物出資又は法人税法第2条第12号の5の2に規定する現物分配による取得その他政令で定める取得を除く。）をした国内資産（国内にある当該法人の事業の用に供する機械及び装置その他の資産で政令で定めるものをいう。）で当該対象年度終了の日において有するものの取得価額の合計額

　ロ　当該法人がその有する減価償却資産につき当該対象年度においてその償却費として損金経理をした金額（損金経理の方法又は当該対象年度の決算の確定の日までに剰余金の処分により積立金として積み立てる方法により特別償却準備金として積み立てた金額を含み、法人税法第31条第4項の規定により同条第1項に規定する損金経理額に含むものとされる金額を除く。）の合計額

- - - - - - - - - - - - - - - - - - - - - - - - - - - - - - - - - - - - - - - - -

## ○租税特別措置法第43条の3（被災代替資産等の特別償却）

　法人が、特定非常災害の被害者の権利利益の保全等を図るための特別措置に関する法律第2条第1項の規定により特定非常災害として指定された非常災害（以下この項において「特定非常災害」という。）に係る同条第1項の特定非常災害発生日（以下この項において「特定非常災害発生日」という。）から当該特定非常災害発生日の翌日以後5年を経過する日までの間に、次の表の各号の左欄に掲げる減価償却資産で当該特定非常災害に基因して当該法人の事業の用に供することができなくなった建物（その附属設備を含む。以下この項において同じ。）、構築物若しくは機械及び装置に代わるものとして政令で定めるものに該当するものの取得等（取得又は製作若しくは建設をいう。以下この項において同じ。）をして、これを当該法人の事業の用（機械及び装置にあっては、貸付けの用を除く。）に供した場合（所有権移転外リース取引により取得した同欄に掲げる減価償却資産をその事業の用に供した場合を除く。）又は同欄に掲げる減価償却資産の取得等をして、これを被災区域（当該特定非常災害に基因して事業又は居住の用に供することができなくなった建物又は構築物の敷地及び当該建物又は構築物と一体的に事業の用に供される附属施設の用に供されていた土地の区域をいう。）及び当該被災区域である土地に付随して一体的に使用される土地

の区域内において当該法人の事業の用（機械及び装置にあっては、貸付けの用を除く。）に供した場合（所有権移転外リース取引により取得した同欄に掲げる減価償却資産をその事業の用に供した場合を除く。）には、その用に供した日を含む事業年度のこれらの減価償却資産（以下この項及び第3項において「被災代替資産等」という。）の償却限度額は、法人税法第31条第1項又は第2項の規定にかかわらず、当該被災代替資産等の普通償却限度額と特別償却限度額（当該被災代替資産等の取得価額に同表の各号の左欄に掲げる減価償却資産の区分に応じ当該各号の中欄に掲げる割合（当該法人が中小企業者等である場合には、当該各号の右欄に掲げる割合）を乗じて計算した金額をいう。）との合計額とする。

| 資　産 | 割　合 | 割　合 |
|---|---|---|
| 一　建物又は構築物（増築された建物又は構築物のその増築部分を含む。）で、その建設の後事業の用に供されたことのないもの | 100分の15（当該特定非常災害発生日の翌日から起算して3年を経過した日（以下この表において「発災後3年経過日」という。）以後に取得又は建設をしたものについては、100分の10） | 100分の18（発災後3年経過日以後に取得又は建設をしたものについては、100分の12） |
| 二　機械及び装置でその製作の後事業の用に供されたことのないもの | 100分の30（発災後3年経過日以後に取得又は製作をしたものについては、100分の20） | 100分の36（発災後3年経過日以後に取得又は製作をしたものについては、100分の24） |

- - - - - - - - - - - - - - - - - - - - - - - - - - - - - - - - - - - - - - - - -

## ○租税特別措置法第44条の2（特定事業継続力強化設備等の特別償却）

　青色申告書を提出する法人で第42条の4第8項第7号に規定する中小企業者（同項第8号に規定する適用除外事業者に該当するものを除く。）又はこれに準ずるものとして政令で定める法人であるもののうち中小企業の事業活動の継続に資するための中小企業等経営強化法等の一部を改正する法律（令和元年法律第21号）の施行の日〔著者注：令和元年7月16日〕から令和5年3月31日までの間に中小企業等経営強化法第56条第1項又は第58条第1項の認定（以下この項において「認定」という。）を受けた同法第2条第1項に規定する中小企業者に該当するもの（以下この項において「特定中小企業者等」という。）が、その認定を受けた日から同日以後1年を経過する日までの間に、その認定に係る同法第56条第1項に規定する事業継続力強化計画若しくは同法第58条第1項に規定する連携事業継続力強化計画（同法第57条第1項の規定による変更の認定又は同法第59条第1項の規定による変更の認定があっ

たときは、その変更後のもの。以下この項において「認定事業継続力強化計画等」という。）に係る事業継続力強化設備等（同法第56条第2項第2号ロに規定する事業継続力強化設備等をいう。）として当該認定事業継続力強化計画等に記載された機械及び装置、器具及び備品並びに建物附属設備（機械及び装置並びに器具及び備品の部分について行う改良又は機械及び装置並びに器具及び備品の移転のための工事の施行に伴って取得し、又は製作するものを含み、政令で定める規模のものに限る。以下この項及び次項において「特定事業継続力強化設備等」という。）でその製作若しくは建設の後事業の用に供されたことのないものを取得し、又は特定事業継続力強化設備等を製作し、若しくは建設して、これを当該特定中小企業者等の事業の用に供した場合（所有権移転外リース取引により取得した当該特定事業継続力強化設備等をその用に供した場合を除く。）には、その用に供した日を含む事業年度の当該特定事業継続力強化設備等の償却限度額は、法人税法第31条第1項又は第2項の規定にかかわらず、当該特定事業継続力強化設備等の普通償却限度額と特別償却限度額（当該特定事業継続力強化設備等の取得価額の100分の20（令和5年4月1日以後に取得又は製作若しくは建設をした当該特定事業継続力強化設備等については、100分の18）に相当する金額をいう。）との合計額とする。

------------------------------------------------------------

## ○租税特別措置法第45条（特定地域における工業用機械等の特別償却）

2　青色申告書を提出する法人が、平成25年4月1日から令和5年3月31日までの期間のうち政令で定める期間内に、次の表の各号の左欄に掲げる地区内において当該各号の中欄に掲げる事業の用に供する当該各号の右欄に掲げる設備の取得等（取得又は製作若しくは建設をいい、建物及びその附属設備にあっては改修（増築、改築、修繕又は模様替をいう。）のための工事による取得又は建設を含む。以下この項及び次項において同じ。）をする場合（政令で定める中小規模法人（第42条の4第8項第8号に規定する適用除外事業者に該当するものを除く。）以外の法人にあっては、新設又は増設に係る当該設備の取得等をする場合に限る。）において、その取得等をした設備（同表の他の号の規定の適用を受けるものを除く。）を当該地区内において当該法人の当該各号の中欄に掲げる事業の用に供したとき（当該地区の産業の振興に資する場合として政令で定める場合に限る。）は、その用に供した日（以下この項において「供用日」という。）以後5年以内の日を含む各事業年度の当該設備を構成するもののうち機械及び装置、建物及びその附属設備並びに構築物（所有権移転外リース取引により取得したものを除く。以下この項及び次項において「産業振興機械等」という。）の償却限度額は、供用日以後5年以内（同項において「供用期間」という。）でその用に供している期間に限り、法人税法第31条第1項又は第2項の規定（第52条の2の規定の適用を受ける場合には、同条の

規定を含む。）にかかわらず、当該産業振興機械等の普通償却限度額（第52条の 2 の規定の適用を受ける場合には、同条第 1 項又は第 4 項に規定する政令で定める金額）と特別償却限度額（当該普通償却限度額の100分の32（建物及びその附属設備並びに構築物については、100分の48）に相当する金額をいう。）との合計額（第52条の 2 の規定の適用を受ける場合には、同条第 1 項に規定する特別償却不足額又は同条第 4 項に規定する合併等特別償却不足額に相当する金額を加算した金額）とする。

| 地　区 | 事　業 | 設　備 |
|---|---|---|
| 一　半島振興法第 2 条第 1 項の規定により半島振興対策実施地域として指定された地区のうち、産業の振興のための取組が積極的に促進されるものとして政令で定める地区 | 製造業その他の政令で定める事業 | 当該地区内において営む当該事業の用に供される設備で政令で定める規模のもの |
| 二　離島振興法第 2 条第 1 項の規定により離島振興対策実施地域として指定された地区のうち、産業の振興のための取組が積極的に推進されるものとして政令で定める地区 | 製造業その他の政令で定める事業 | 当該地区内において営む当該事業の用に供される設備で政令で定める規模のもの |
| 三　奄美群島振興開発特別措置法第 1 条に規定する奄美群島のうち、産業の振興のための取組が積極的に促進されるものとして政令で定める地区 | 製造業その他の政令で定める事業 | 当該地区内において営む当該事業の用に供される設備で政令で定める規模のもの |

## ○租税特別措置法第55条の 2 （中小企業事業再編投資損失準備金）

第42条の 4 第 8 項第 7 号に規定する中小企業者（同項第 8 号に規定する適用除外事業者に該当するものを除く。）で青色申告書を提出するもののうち、産業競争力強化法等の一部を改正する等の法律（令和 3 年法律第70号）の施行の日から令和 6 年 3 月31日までの間に中小企業等経営強化法第17条第 1 項に規定する経営力向上計画（同条第 4 項第 2 号に掲げる事項の記載があるものに限る。以下この項において「経営力向上計画」という。）について同条第 1 項の認定を受けたものが、各事業年度（解散の日を含む事業年度及び清算中の各事業年度を除く。）において当該認定に係る経営力向上計画（同法第18条第 1 項の規定による変更の認定があったときは、その変更後のもの。第 3 項第 1 号において「認定経営力向上計画」という。）に従って行う同法第 2 条第10項に規定する事業承継等（同項第 8 号に掲げる措置に限る。第 3 項第 1 号において「事業承継等」という。）として他の法人の株式又は出資（以下こ

の項及び第3項において「株式等」という。）の取得（購入による取得に限る。第3項第1号において同じ。）をし、かつ、これをその取得の日を含む事業年度終了の日まで引き続き有している場合（その取得をした株式等（以下この項において「特定株式等」という。）の取得価額が10億円を超える場合を除く。）において、当該特定株式等の価格の低落による損失に備えるため、当該特定株式等（合併により合併法人に移転するものを除く。）の取得価額の100分の70に相当する金額（当該事業年度において当該特定株式等の帳簿価額を減額した場合には、その減額した金額のうち当該事業年度の所得の金額の計算上損金の額に算入された金額に相当する金額を控除した金額）以下の金額を損金経理の方法により各特定法人（特定株式等を発行した法人をいう。次項及び第3項において同じ。）別に中小企業事業再編投資損失準備金として積み立てたとき（当該事業年度の決算の確定の日までに剰余金の処分により積立金として積み立てる方法により中小企業事業再編投資損失準備金として積み立てた場合を含む。）は、その積み立てた金額は、当該事業年度の所得の金額の計算上、損金の額に算入する。

----------------------------------------------

## ○租税特別措置法第57条の9（中小企業者等の貸倒引当金の特例）

　法人で各事業年度終了の時において法人税法第52条第1項第1号イからハまでに掲げる法人（保険業法に規定する相互会社及びこれに準ずるものとして政令で定めるものを除く。次項において「中小企業者等」という。）に該当するもの（同号イに掲げる法人に該当するもの（次項において「中小法人」という。）にあっては、第42条の4第8項第8号に規定する適用除外事業者（次項において「適用除外事業者」という。）に該当するものを除く。）が法人税法第52条第2項の規定の適用を受ける場合には、同項の規定にかかわらず、当該事業年度終了の時における同項に規定する一括評価金銭債権（当該法人が当該法人との間に連結完全支配関係がある連結法人に対して有する金銭債権を除く。次項において同じ。）の帳簿価額（政令で定める金銭債権にあっては、政令で定める金額を控除した残額。次項において同じ。）の合計額に政令で定める割合を乗じて計算した金額をもって、同条第2項に規定する政令で定めるところにより計算した金額とすることができる。

----------------------------------------------

## ○租税特別措置法第61条の4（交際費等の損金不算入）

2　前項の場合において、法人（投資信託及び投資法人に関する法律第2条第12項に規定する投資法人及び資産の流動化に関する法律第2条第3項に規定する特定目的会社を除く。）のうち当該事業年度終了の日における資本金の額又は出資金の額が1億円以下であるもの（普通法人のうち当該事業年度終了の日において法人

税法第66条第６項第２号又は第３号に掲げる法人に該当するものを除く。）については、次の各号に掲げる場合の区分に応じ当該各号に定める金額をもって、前項に規定する超える部分の金額とすることができる。

　一　前項の交際費等の額が800万円に当該事業年度の月数を乗じてこれを12で除して計算した金額（次号において「定額控除限度額」という。）以下である場合　零

　二　前項の交際費等の額が定額控除限度額を超える場合　　その超える部分の金額

## ○租税特別措置法第66条の12（中小企業者の欠損金等以外の欠損金の繰戻しによる還付の不適用）

　法人税法第80条第１項並びに第144条の13第１項及び第２項の規定は、次に掲げる法人以外の法人の平成４年４月１日から令和４年３月31日までの間に終了する各事業年度において生じた欠損金額については、適用しない。ただし、清算中に終了する事業年度及び同法第80条第４項又は第144条の13第９項若しくは第10項の規定に該当する場合のこれらの規定に規定する事業年度の欠損金額並びに同法第80条第５項又は第144条の13第11項に規定する災害損失欠損金額については、この限りでない。

　一　普通法人（投資信託及び投資法人に関する法律第２条第12項に規定する投資法人及び資産の流動化に関する法律第２条第３項に規定する特定目的会社を除く。）のうち、当該事業年度終了の時において資本金の額若しくは出資金の額が１億円以下であるもの（当該事業年度終了の時において法人税法第66条第６項第２号又は第３号に掲げる法人に該当するものを除く。）又は資本若しくは出資を有しないもの（保険業法に規定する相互会社及びこれに準ずるものとして政令で定めるものを除く。）

　二　公益法人等又は協同組合等

　三　法人税法以外の法律によって公益法人等とみなされているもので政令で定めるもの

　四　人格のない社団等

## ○租税特別措置法施行令第27条の4（試験研究を行った場合の法人税額の特別控除）

21　法第42条の4第8項第7号に規定する政令で定めるものは、資本金の額若しくは出資金の額が1億円以下の法人のうち次に掲げる法人以外の法人又は資本若しくは出資を有しない法人のうち常時使用する従業員の数が1,000人以下の法人とする。

一　その発行済株式又は出資（その有する自己の株式又は出資を除く。次号において同じ。）の総数又は総額の2分の1以上が同一の大規模法人（資本金の額若しくは出資金の額が1億円を超える法人、資本若しくは出資を有しない法人のうち常時使用する従業員の数が1,000人を超える法人又は次に掲げる法人をいい、中小企業投資育成株式会社を除く。次号において同じ。）の所有に属している法人

イ　大法人（次に掲げる法人をいう。以下この号において同じ。）との間に当該大法人による完全支配関係（法人税法第2条第12号の7の6に規定する完全支配関係をいう。ロにおいて同じ。）がある普通法人

⑴　資本金の額又は出資金の額が5億円以上である法人

⑵　保険業法第2条第5項に規定する相互会社及び同条第10項に規定する外国相互会社のうち、常時使用する従業員の数が1,000人を超える法人

⑶　法人税法第4条の7に規定する受託法人

ロ　普通法人との間に完全支配関係がある全ての大法人が有する株式（投資信託及び投資法人に関する法律第2条第14項に規定する投資口を含む。以下この章において同じ。）及び出資の全部を当該全ての大法人のうちいずれか一の法人が有するものとみなした場合において当該いずれか一の法人と当該普通法人との間に当該いずれか一の法人による完全支配関係があることとなるときの当該普通法人（イに掲げる法人を除く。）

二　前号に掲げるもののほか、その発行済株式又は出資の総数又は総額の3分の2以上が大規模法人の所有に属している法人

22　法第42条の4第8項第8号に規定する政令で定める事由は、当該事業年度において法人の同号に規定する計算した金額が15億円を超えるかどうかを判定する場合における次に掲げる事由とする。

一　当該法人（以下第26項までにおいて「判定法人」という。）の当該事業年度
　　（以下第24項までにおいて「判定対象年度」という。）開始の日において判定法
　　人の設立の日（次に掲げる法人にあっては、それぞれ次に定める日。第3号及
　　び第4号において同じ。）の翌日以後3年を経過していないこと。

　　イ　公益法人等又は内国法人である人格のない社団等　　新たに収益事業を開始
　　　　した日

　　ロ　公益法人等（収益事業を行っていないものに限る。）に該当していた普通法
　　　　人又は協同組合等　　当該普通法人又は協同組合等に該当することとなった日

　　ハ　外国法人　　恒久的施設を有しない外国法人が恒久的施設を有することと
　　　　なった日又は外国法人が恒久的施設を有しないで法人税法第138条第1項第4
　　　　号に規定する事業を国内において開始し、若しくは同法第141条第2号に定め
　　　　る国内源泉所得で同項第4号に掲げる対価以外のものを有することとなった
　　　　日のいずれか早い日（人格のない社団等にあっては、同条各号に掲げる外国法
　　　　人の区分に応じ当該各号に定める国内源泉所得のうち収益事業から生ずるもの
　　　　を有することとなった日）

二　判定法人の判定対象年度に係る各基準年度（法第42条の4第8項第8号に規
　　定する基準年度をいう。次項において同じ。）で法人税法第80条第1項に規定す
　　る還付所得事業年度であるものの所得に対する法人税の額につき同条の規定の適
　　用があったこと。

三　判定法人が特定合併等に係る合併法人等に該当するもの（次に定めるところに
　　よりその特定合併等に係る合併法人等の設立の日をみなした場合においても判定
　　対象年度開始の日において判定法人がその設立の日の翌日以後3年を経過して
　　いないこととなるときにおける判定法人を除く。）であること。

　　イ　法人を設立する特定合併等が行われた場合には、当該特定合併等に係る被合
　　　　併法人等のうちその設立の日（既にイ又はロの規定により当該被合併法人等の
　　　　設立の日とみなされた日がある場合には、その設立の日とみなされた日）が最
　　　　も早いものの設立の日をもって当該特定合併等に係る合併法人等の設立の日と
　　　　みなす。

　　ロ　特定合併等（法人を設立するものを除く。）が行われた場合において、当該
　　　　特定合併等に係る被合併法人等の設立の日（既にイ又はロの規定により当該被
　　　　合併法人等の設立の日とみなされた日がある場合には、その設立の日とみなさ
　　　　れた日）が当該特定合併等に係る合併法人等の設立の日（既にイ又はロの規定

により当該合併法人等の設立の日とみなされた日がある場合には、その設立の日とみなされた日）よりも早いときは、当該特定合併等後は、当該被合併法人等の設立の日をもって当該合併法人等の設立の日とみなす。

四　判定法人が判定対象年度開始の日から起算して3年前の日（以下第24項までにおいて「基準日」という。）から判定対象年度開始の日の前日までのいずれかの時において連結法人に該当していたこと（前号イ及びロに定めるところにより特定合併等に係る合併法人等の設立の日をみなした場合においても判定対象年度開始の日において判定法人及び判定法人との間に連結完全支配関係があった法人の全てがその設立の日の翌日以後3年を経過していないことに該当する場合を除く。）。

五　判定法人が基準日から判定対象年度開始の日の前日までのいずれかの時において公益法人等又は内国法人である人格のない社団等に該当していたこと。

六　判定法人が外国法人であること。

------------------------------------------------------------

○ （旧）租税特別措置法施行令第27条の6（中小企業者等が機械等を取得した場合の特別償却又は法人税額の特別控除）

　法第42条の6第1項に規定する政令で定める中小企業者に該当する法人は、資本金の額若しくは出資金の額が1億円以下の法人（第1号において「判定法人」という。）のうち次に掲げる法人以外の法人又は資本若しくは出資を有しない法人のうち常時使用する従業員の数が1,000人以下の法人とする。

一　その発行済株式又は出資（その有する自己の株式又は出資を除く。次号において同じ。）の総数又は総額の2分の1以上が同一の大規模法人（資本金の額若しくは出資金の額が1億円を超える法人、資本若しくは出資を有しない法人のうち常時使用する従業員の数が1,000人を超える法人又は第27条の4第12項第1号イ若しくはロに掲げる法人をいい、独立行政法人中小企業基盤整備機構（判定法人の発行する株式の全部又は一部が中小企業等経営強化法（平成11年法律第18号）第21条第1項に規定する認定事業再編投資組合の組合財産である場合におけるその組合員の出資に係る部分に限る。）及び中小企業投資育成株式会社を除く。次号において同じ。）の所有に属している法人

二　前号に掲げるもののほか、その発行済株式又は出資の総数又は総額の3分の2以上が大規模法人の所有に属している法人

------------------------------------------------------------

## ○租税特別措置法施行令第27条の11の3（地方活力向上地域等において特定建物等を取得した場合の特別償却又は法人税額の特別控除）

　法第42条の11の3第1項に規定する政令で定める規模のものは、一の建物及びその附属設備並びに構築物の取得価額（法人税法施行令第54条第1項各号の規定により計算した取得価額をいう。）の合計額が2,000万円（法第42条の4第8項第7号に規定する中小企業者（同項第8号に規定する適用除外事業者に該当するものを除く。）にあっては、1,000万円）以上のものとする。

- - - - - - - - - - - - - - - - - - - - - - - - - - - - - - - - - - - - - - - -

## ○租税特別措置法施行令第28条の5（特定事業継続力強化設備等の特別償却）

　法第44条の2第1項に規定する政令で定める法人は、事業協同組合、協同組合連合会、水産加工業協同組合、水産加工業協同組合連合会及び商店街振興組合とする。

- - - - - - - - - - - - - - - - - - - - - - - - - - - - - - - - - - - - - - - -

## ○租税特別措置法施行令第28条の9（特定地域における工業用機械等の特別償却）

10　法第45条第2項に規定する政令で定める中小規模法人は、資本金の額若しくは出資金の額（以下この条において「資本金の額等」という。）が5,000万円以下の法人又は資本若しくは出資を有しない法人とする。

- - - - - - - - - - - - - - - - - - - - - - - - - - - - - - - - - - - - - - - -

## ○租税特別措置法施行令第37条の4（資本金の額又は出資金の額に準ずるものの範囲等）

　法第61条の4第1項に規定する政令で定める法人は、公益法人等、人格のない社団等及び外国法人とし、同項に規定する政令で定める金額は、次の各号に掲げる法人の区分に応じ当該各号に定める金額とする。

　一　資本又は出資を有しない法人（第3号から第5号までに掲げるものを除く。）
　　　当該事業年度終了の日における貸借対照表（確定した決算に基づくものに限る。以下この条において同じ。）に計上されている総資産の帳簿価額から当該貸借対照表に計上されている総負債の帳簿価額を控除した金額（当該貸借対照表に、当該事業年度に係る利益の額が計上されているときは、その額を控除した金額とし、当該事業年度に係る欠損金の額が計上されているときは、その額を加算した金額とする。）の100分の60に相当する金額

　二　公益法人等又は人格のない社団等（次号から第5号までに掲げるものを除

く。）　当該事業年度終了の日における資本金の額又は出資金の額に同日における総資産の価額のうちに占めるその行う収益事業に係る資産の価額の割合を乗じて計算した金額

三　資本又は出資を有しない公益法人等又は人格のない社団等（第5号に掲げるものを除く。）　当該事業年度終了の日における貸借対照表につき第1号の規定に準じて計算した金額に同日における総資産の価額のうちに占めるその行う収益事業に係る資産の価額の割合を乗じて計算した金額

四　外国法人（次号に掲げるものを除く。）　当該事業年度終了の日における資本金の額又は出資金の額に同日における総資産の価額のうちに占める国内にある資産（人格のない社団等に該当するものにあっては、収益事業に係るものに限る。）及び国外にある資産（恒久的施設を通じて行う事業（人格のない社団等に該当するものにあっては、収益事業に限る。）に係るものに限る。）の価額の割合を乗じて計算した金額

五　資本又は出資を有しない外国法人　当該事業年度終了の日における貸借対照表につき第1号の規定に準じて計算した金額に同日における総資産の価額のうちに占める国内にある資産（人格のない社団等に該当するものにあっては、収益事業に係るものに限る。）及び国外にある資産（恒久的施設を通じて行う事業（人格のない社団等に該当するものにあっては、収益事業に限る。）に係るものに限る。）の価額の割合を乗じて計算した金額

-------------------------------------------------------------

## ○震災特例法第18条の2（被災代替資産等の特別償却）

　法人が、平成23年3月11日から令和5年3月31日までの間に、次の表の各号の左欄に掲げる減価償却資産で東日本大震災に起因して当該法人の事業の用に供することができなくなった建物（その附属設備を含む。以下この項において同じ。）、構築物、機械及び装置若しくは船舶に代わるものとして政令で定めるものに該当するものの取得等（取得又は製作若しくは建設をいう。以下この項において同じ。）をして、これを当該法人の事業の用（機械及び装置並びに船舶にあっては、貸付けの用を除く。）に供した場合（所有権移転外リース取引により取得した同欄に掲げる減価償却資産をその事業の用に供した場合を除く。）又は同表の第1号若しくは第2号の左欄に掲げる減価償却資産の取得等をして、これを被災区域（東日本大震災に起因して事業又は居住の用に供することができなくなった建物又は構築物の敷地及び当該建物又は構築物と一体的に事業の用に供される附属施設の用に供されていた土地の区域をいう。）及び当該被災区域である土地に付随して一体的に使用される土地の区域内において当

該法人の事業の用（機械及び装置にあっては、貸付けの用を除く。）に供した場合（所有権移転外リース取引により取得した同表の第1号又は第2号の左欄に掲げる減価償却資産をその事業の用に供した場合を除く。）には、その用に供した日を含む事業年度のこれらの減価償却資産（以下この条において「被災代替資産等」という。）の償却限度額は、法人税法第31条第1項又は第2項の規定にかかわらず、当該被災代替資産等の普通償却限度額と特別償却限度額（当該被災代替資産等の取得価額に同表の各号の左欄に掲げる減価償却資産の区分に応じ当該各号の中欄に掲げる割合（当該法人が、租税特別措置法第42条の4第8項第7号に規定する中小企業者又は同項第9号に規定する農業協同組合等である場合には、当該各号の右欄に掲げる割合）を乗じて計算した金額をいう。）との合計額とする。

| 資　産 | 割　合 | 割　合 |
|---|---|---|
| 一　建物又は構築物（増築された建物又は構築物のその増築部分を含む。）でその建設の後事業の用に供されたことのないもの | 100分の10 | 100分の12 |
| 二　機械及び装置でその製作の後事業の用に供されたことのないもの | 100分の20 | 100分の24 |
| 三　船舶で、その製作の後事業の用に供されたことのないもの | 100分の20 | 100分の24 |

----------------------------------------------

## ○租税特別措置法関係通達42の4（3）－1（中小企業者であるかどうかの判定）

　措置法第42条の4第4項から第6項までの規定の運用上、法人が中小企業者（同条第8項第7号に規定する中小企業者をいう。以下同じ。）に該当するかどうかの判定は、当該事業年度終了の時の現況によるものとする。

　また、措置法規則第20条第18項又は第26項の規定の適用上、法人が中小企業者に該当するかどうかの判定は、措置法令第27条の4第27項第2号又は第8号に規定する契約又は協定の締結時の現況によるものとする。

----------------------------------------------

## ○租税特別措置法関係通達42の４（３）－１の２（適用除外事業者であるかどうかの判定）

　法人が適用除外事業者（措置法第42条の４第８項第８号に規定する適用除外事業者をいう。）に該当するかどうかの判定に当たっては、同号に規定する乗じて計算した金額は、正当額によるのであるから、例えば、確定申告により確定した所得の金額が修正申告や更正により変更された場合には、その判定を改めて行う必要があることに留意する。

(注)　措置法令第27条の４第22項各号に掲げる事由がある場合の同条第23項各号に定める金額の計算についても、同様とする。

- - - - - - - - - - - - - - - - - - - - - - - - - - - - - - - - - - - - - - - - - - - -

## ○租税特別措置法関係通達42の４（３）－２（従業員数基準の適用）

　措置法令第27条の４第21項の規定により中小企業者に該当するかどうかを判定する場合において従業員数基準が適用されるのは、資本又は出資を有しない法人のみであるから、資本金の額又は出資金の額が１億円以下の法人については、同項各号に掲げるものを除き、常時使用する従業員の数が1,000人を超えても中小企業者に該当することに留意する。

- - - - - - - - - - - - - - - - - - - - - - - - - - - - - - - - - - - - - - - - - - - -

## ○租税特別措置法関係通達42の４（３）－３（常時使用する従業員の範囲）

　措置法令第27条の４第21項に規定する「常時使用する従業員の数」は、常用であると日々雇い入れるものであるとを問わず、事務所又は事業所に常時就労している職員、工員等（役員を除く。）の総数によって判定することに留意する。この場合において、法人が酒造最盛期、野菜缶詰・瓶詰製造最盛期等に数か月程度の期間その労務に従事する者を使用するときは、当該従事する者の数を「常時使用する従業員の数」に含めるものとする。

- - - - - - - - - - - - - - - - - - - - - - - - - - - - - - - - - - - - - - - - - - - -

## ○租税特別措置法関係通達42の４（３）－４（出資を有しない公益法人等の従業員の範囲）

　出資を有しない公益法人等又は人格のない社団等について、措置法令第27条の４第21項の規定により常時使用する従業員の数が1,000人以下であるかどうかを判定する場合には、収益事業に従事する従業員数だけでなくその全部の従業員数によって行うものとする。

- - - - - - - - - - - - - - - - - - - - - - - - - - - - - - - - - - - - - - - - - - - -

## ○租税特別措置法関係通達42の6−1（事業年度の中途において中小企業者等に該当しなくなった場合等の適用）

　法人が各事業年度の中途において措置法第42条の6第1項に規定する中小企業者等（以下「中小企業者等」という。）に該当しないこととなった場合においても、その該当しないこととなった日前に取得又は製作（以下「取得等」という。）をして同項に規定する指定事業の用（以下「指定事業の用」という。）に供した特定機械装置等（同項に規定する「特定機械装置等」をいう。以下42の6-8までにおいて同じ。）については、同項の規定の適用があることに留意する。この場合において、措置法令第27条の6第3項第2号又は第3号に規定する取得価額の合計額がこれらの号に規定する金額以上であるかどうかは、その中小企業者等に該当していた期間内に取得等をして指定事業の用に供していたものの取得価額の合計額によって判定することに留意する。

（注）　法人が各事業年度の中途において特定中小企業者等（措置法第42条の6第2項に規定する「特定中小企業者等」をいう。）に該当しないこととなった場合の同項の規定の適用についても、同様とする。

- - - - - - - - - - - - - - - - - - - - - - - - - - - - - - - - - - - - - - - -

## ○租税特別措置法関係通達42の11の3−2（中小企業者であるかどうかの判定）

　措置法第42条の11の3第1項又は第2項の規定の適用上、法人が措置法令第27条の11の3に規定する中小企業者に該当するかどうかの判定（措置法第42条の4第8項第8号に規定する適用除外事業者に該当するかどうかの判定を除く。）は、措置法第42条の11の3第1項に規定する建物及びその附属設備並びに構築物の取得等をした日及び事業の用に供した日の現況によるものとする。

- - - - - - - - - - - - - - - - - - - - - - - - - - - - - - - - - - - - - - - -

## ○租税特別措置法関係通達42の12の4−1（中小企業者であるかどうかの判定）

　措置法第42条の12の4第1項又は第2項の規定の適用上、法人が同条第1項に規定する中小企業者に該当するかどうかの判定（措置法第42条の4第8項第8号に規定する適用除外事業者（以下「適用除外事業者」という。）に該当するかどうかの判定を除く。）は、措置法第42条の12の4第1項に規定する特定経営力向上設備等（以下42の12の4−9までにおいて「特定経営力向上設備等」という。）の取得又は製作若しくは建設（以下「取得等」という。）をした日及び事業の用に供した日の現況によるものとする。

(注)　法人が同条第2項に規定する「中小企業者等のうち政令で定める法人以外の
　　法人」に該当するかどうかの判定（適用除外事業者に該当するかどうかの判定を
　　除く。）についても同様とする。

----

## ○租税特別措置法関係通達42の12の5－1（中小企業者であるかどうかの判定）

　措置法第42条の12の5第2項の規定の適用上、法人が同項に規定する中小企業者
に該当するかどうかの判定（措置法第42条の4第8項第8号に規定する適用除外事
業者に該当するかどうかの判定を除く。）は、措置法第42条の12の5第2項の規定の
適用を受ける事業年度終了の時の現況によるものとする。

----

## ○租税特別措置法関係通達42の13－2（中小企業者であるかどうかの判定）

　措置法第42条の13第6項の規定の適用上、法人が同項に規定する中小企業者に該
当するかどうかの判定（措置法第42条の4第8項第8号に規定する適用除外事業者
に該当するかどうかの判定を除く。）は、措置法第42条の13第6項に規定する対象年
度（以下「対象年度」という。）終了の時の現況によるものとする。

----

## ○租税特別措置法関係通達43の3－8（中小企業者であるかどうかの判定）

　措置法第43条の3第1項の規定の適用上、法人が同条第2項に規定する中小企業
者に該当するかどうかの判定（措置法第42条の4第8項第8号に規定する適用除外
事業者に該当するかどうかの判定を除く。）は、措置法第43条の3第1項に規定する
被災代替資産等の取得等をした日及び事業の用に供した日の現況によるものとする。

----

## ○租税特別措置法関係通達44の2－1（中小企業者であるかどうかの判定）

　措置法第44条の2第1項の規定の適用上、法人が同項の措置法第42条の4第8項
第7号に規定する措置法第42条の6第1項に規定する中小企業者に該当するかどう
かの判定（同項第8号に規定する適用除外事業者に該当するかどうかの判定を除
く。）は、措置法第44条の2第1項に規定する特定事業継続力強化設備等の取得又は
製作若しくは建設をした日及び事業の用に供した日の現況によるものとする。

----

## ○租税特別措置法関係通達67の5−1（事務負担に配慮する必要があるものであるかどうかの判定）

　措置法第67条の5第1項の規定の適用上、法人が同項に規定する「中小企業者等」に該当するかどうかの判定（措置法第42条の4第8項第8号に規定する適用除外事業者に該当するかどうかの判定を除く。）は、原則として、措置法第67条の5第1項に規定する少額減価償却資産の取得等（取得又は製作若しくは建設をいう。以下同じ。）をした日及び事業の用に供した日の現況によるものとする。ただし、当該事業年度終了の日において同項に規定する「事務負担に配慮する必要があるものとして政令で定めるもの」に該当する法人が、当該事業年度の同項に規定する中小企業者又は農業協同組合等に該当する期間において取得等をして事業の用に供した同項に規定する少額減価償却資産を対象として同項の規定の適用を受けている場合には、これを認める。

---

## ○財産評価基本通達178（取引相場のない株式の評価上の区分）

　取引相場のない株式の価額は、評価しようとするその株式の発行会社（以下「評価会社」という。）が次の表の大会社、中会社又は小会社のいずれに該当するかに応じて、それぞれ次項の定めによって評価する。ただし、同族株主以外の株主等が取得した株式又は特定の評価会社の株式の価額は、それぞれ188《同族株主以外の株主等が取得した株式》又は189《特定の評価会社の株式》の定めによって評価する。

| 規模区分 | 区分の内容 | | 総資産価額（帳簿価額によって計算した金額）及び従業員数 | 直前期末以前1年間における取引金額 |
|---|---|---|---|---|
| 大会社 | 従業員数が70人以上の会社又は右のいずれかに該当する会社 | 卸売業 | 20億円以上（従業員数が35人以下の会社を除く。） | 30億円以上 |
| | | 小売・サービス業 | 15億円以上（従業員数が35人以下の会社を除く。） | 20億円以上 |
| | | 卸売業、小売・サービス業以外 | 15億円以上（従業員数が35人以下の会社を除く。） | 15億円以上 |

| | | | | |
|---|---|---|---|---|
| 中会社 | 従業員数が70人未満の会社で右のいずれかに該当する会社（大会社に該当する場合を除く。） | 卸売業 | 7,000万円以上（従業員数が5人以下の会社を除く。） | 2億円以上30億円未満 |
| | | 小売・サービス業 | 4,000万円以上（従業員数が5人以下の会社を除く。） | 6,000万円以上20億円未満 |
| | | 卸売業、小売・サービス業以外 | 5,000万円以上（従業員数が5人以下の会社を除く。） | 8,000万円以上15億円未満 |
| 小会社 | 従業員数が70人未満の会社で右のいずれにも該当する会社 | 卸売業 | 7,000万円未満又は従業員数が5人以下 | 2億円未満 |
| | | 小売・サービス業 | 4,000万円未満又は従業員数が5人以下 | 6,000万円未満 |
| | | 卸売業、小売・サービス業以外 | 5,000万円未満又は従業員数が5人以下 | 8,000万円未満 |

　上の表の「総資産価額（帳簿価額によって計算した金額）及び従業員数」及び「直前期末以前1年間における取引金額」は、それぞれ次の(1)から(3)により、「卸売業」、「小売・サービス業」又は「卸売業、小売・サービス業以外」の判定は(4)による。

(1)　「総資産価額（帳簿価額によって計算した金額）」は、課税時期の直前に終了した事業年度の末日（以下「直前期末」という。）における評価会社の各資産の帳簿価額の合計額とする。

(2)　「従業員数」は、直前期末以前1年間においてその期間継続して評価会社に勤務していた従業員（就業規則等で定められた1週間当たりの労働時間が30時間未満である従業員を除く。以下この項において「継続勤務従業員」という。）の数に、直前期末以前1年間において評価会社に勤務していた従業員（継続勤務従業員を除く。）のその1年間における労働時間の合計時間数を従業員1人当たり年間平均労働時間数で除して求めた数を加算した数とする。

　　この場合における従業員1人当たり年間平均労働時間数は、1,800時間とする。

(3)　「直前期末以前1年間における取引金額」は、その期間における評価会社の目的とする事業に係る収入金額（金融業・証券業については収入利息及び収入手数料）とする。

(4)　評価会社が「卸売業」、「小売・サービス業」又は「卸売業、小売・サービス業以外」のいずれの業種に該当するかは、上記(3)の直前期末以前1年間における取引

金額（以下この項及び181－2《評価会社の事業が該当する業種目》において「取引金額」という。）に基づいて判定し、当該取引金額のうちに2以上の業種に係る取引金額が含まれている場合には、それらの取引金額のうち最も多い取引金額に係る業種によって判定する。

(注)　上記(2)の従業員には、社長、理事長並びに法人税法施行令第71条《使用人兼務役員とされない役員》第1項第1号、第2号及び第4号に掲げる役員は含まないのであるから留意する。

------------------------------------------------------------

## ○財産評価基本通達179（取引相場のない株式の評価の原則）

前項により区分された大会社、中会社及び小会社の株式の価額は、それぞれ次による。

(1)　大会社の株式の価額は、類似業種比準価額によって評価する。ただし、納税義務者の選択により、1株当たりの純資産価額（相続税評価額によって計算した金額）によって評価することができる。

(2)　中会社の株式の価額は、次の算式により計算した金額によって評価する。ただし、納税義務者の選択により、算式中の類似業種比準価額を1株当たりの純資産価額（相続税評価額によって計算した金額）によって計算することができる。

類似業種比準価額×L＋1株当たりの純資産価額（相続税評価額によって計算した金額）×（1－L）

上の算式中の「L」は、評価会社の前項に定める総資産価額（帳簿価額によって計算した金額）及び従業員数又は直前期末以前1年間における取引金額に応じて、それぞれ次に定める割合のうちいずれか大きい方の割合とする。

イ　総資産価額（帳簿価額によって計算した金額）及び従業員数に応ずる割合

| 卸売業 | 小売・サービス業 | 卸売業、小売・サービス業以外 | 割合 |
|---|---|---|---|
| 4億円以上（従業員数が35人以下の会社を除く。） | 5億円以上（従業員数が35人以下の会社を除く。） | 5億円以上（従業員数が35人以下の会社を除く。） | 0.90 |
| 2億円以上（従業員数が20人以下の会社を除く。） | 2億5,000万円以上（従業員数が20人以下の会社を除く。） | 2億5,000万円以上（従業員数が20人以下の会社を除く。） | 0.75 |

| 7,000万円以上（従業員数が5人以下の会社を除く。） | 4,000万円以上（従業員数が5人以下の会社を除く。） | 5,000万円以上（従業員数が5人以下の会社を除く。） | 0.60 |

(注)　複数の区分に該当する場合には、上位の区分に該当するものとする。

　ロ　直前期末以前1年間における取引金額に応ずる割合

| 卸売業 | 小売・サービス業 | 卸売業、小売・サービス業以外 | 割合 |
|---|---|---|---|
| 7億円以上30億円未満 | 5億円以上20億円未満 | 4億円以上15億円未満 | 0.90 |
| 3億5,000万円以上7億円未満 | 2億5,000万円以上5億円未満 | 2億円以上4億円未満 | 0.75 |
| 2億円以上3億5,000万円未満 | 6,000万円以上2億5,000万円未満 | 8,000万円以上2億円未満 | 0.60 |

⑶　小会社の株式の価額は、1株当たりの純資産価額（相続税評価額によって計算した金額）によって評価する。ただし、納税義務者の選択により、Lを0.50として⑵の算式により計算した金額によって評価することができる。

- - - - - - - - - - - - - - - - - - - - - - - - - - - - - - - - - - - - - - - -

## ○中小企業基本法第2条（中小企業者の範囲及び用語の定義）

　この法律に基づいて講ずる国の施策の対象とする中小企業者は、おおむね次の各号に掲げるものとし、その範囲は、これらの施策が次条の基本理念の実現を図るため効率的に実施されるように施策ごとに定めるものとする。

一　資本金の額又は出資の総額が3億円以下の会社並びに常時使用する従業員の数が300人以下の会社及び個人であって、製造業、建設業、運輸業その他の業種（次号から第4号までに掲げる業種を除く。）に属する事業を主たる事業として営むもの

二　資本金の額又は出資の総額が1億円以下の会社並びに常時使用する従業員の数が100人以下の会社及び個人であって、卸売業に属する事業を主たる事業として営むもの

三　資本金の額又は出資の総額が5,000万円以下の会社並びに常時使用する従業員の数が100人以下の会社及び個人であって、サービス業に属する事業を主たる事

業として営むもの

四　資本金の額又は出資の総額が5,000万円以下の会社並びに常時使用する従業員の数が50人以下の会社及び個人であって、小売業に属する事業を主たる事業として営むもの

---

## ○中小企業経営承継円滑化法第2条（定義）

この法律において「中小企業者」とは、次の各号のいずれかに該当する者をいう。

一　資本金の額又は出資の総額が3億円以下の会社並びに常時使用する従業員の数が300人以下の会社及び個人であって、製造業、建設業、運輸業その他の業種（次号から第4号までに掲げる業種及び第5号の政令で定める業種を除く。）に属する事業を主たる事業として営むもの

二　資本金の額又は出資の総額が1億円以下の会社並びに常時使用する従業員の数が100人以下の会社及び個人であって、卸売業（第5号の政令で定める業種を除く。）に属する事業を主たる事業として営むもの

三　資本金の額又は出資の総額が5,000万円以下の会社並びに常時使用する従業員の数が100人以下の会社及び個人であって、サービス業（第5号の政令で定める業種を除く。）に属する事業を主たる事業として営むもの

四　資本金の額又は出資の総額が5,000万円以下の会社並びに常時使用する従業員の数が50人以下の会社及び個人であって、小売業（次号の政令で定める業種を除く。）に属する事業を主たる事業として営むもの

五　資本金の額又は出資の総額がその業種ごとに政令で定める金額以下の会社並びに常時使用する従業員の数がその業種ごとに政令で定める数以下の会社及び個人であって、その政令で定める業種に属する事業を主たる事業として営むもの

---

## ○中小企業等経営強化法第2条（定義）

この法律において「中小企業者」とは、次の各号のいずれかに該当する者をいう。

一　資本金の額又は出資の総額が3億円以下の会社並びに常時使用する従業員の数が300人以下の会社及び個人であって、製造業、建設業、運輸業その他の業種（次号から第4号までに掲げる業種及び第5号の政令で定める業種を除く。）に属する事業を主たる事業として営むもの

二　資本金の額又は出資の総額が１億円以下の会社並びに常時使用する従業員の数が100人以下の会社及び個人であって、卸売業（第５号の政令で定める業種を除く。）に属する事業を主たる事業として営むもの

三　資本金の額又は出資の総額が5,000万円以下の会社並びに常時使用する従業員の数が100人以下の会社及び個人であって、サービス業（第５号の政令で定める業種を除く。）に属する事業を主たる事業として営むもの

四　資本金の額又は出資の総額が5,000万円以下の会社並びに常時使用する従業員の数が50人以下の会社及び個人であって、小売業（次号の政令で定める業種を除く。）に属する事業を主たる事業として営むもの

五　資本金の額又は出資の総額がその業種ごとに政令で定める金額以下の会社並びに常時使用する従業員の数がその業種ごとに政令で定める数以下の会社及び個人であって、その政令で定める業種に属する事業を主たる事業として営むもの

六　企業組合

七　協業組合

八　事業協同組合、事業協同小組合、商工組合、協同組合連合会その他の特別の法律により設立された組合及びその連合会であって、政令で定めるもの

2　この法律において「中小企業者等」とは、次の各号のいずれかに該当する者をいう。

一　中小企業者

二　一般社団法人であって中小企業者を直接又は間接の構成員とするもの（政令で定める要件に該当するものに限る。）

三　資本金の額又は出資の総額が政令で定める金額以下の会社その他政令で定める法人（第１号に掲げる者を除く。）

四　常時使用する従業員の数が政令で定める数以下の会社その他政令で定める法人及び個人（前３号に掲げる者を除く。）

3　この法律において「新規中小企業者」とは、中小企業者であって次の各号のいずれかに該当するものをいう。

一　事業を開始した日以後の期間が５年未満の個人

二　設立の日以後の期間が５年未満の会社

三　事業を開始した日以後の期間が5年以上10年未満の個人又は設立の日以後の期間が5年以上10年未満の会社であって、前年又は前事業年度において試験研究費その他政令で定める費用の合計額の政令で定める収入金額に対する割合が政令で定める割合を超えるもの

4　この法律において「新規中小企業者等」とは、次の各号のいずれかに該当する者をいう。

一　新規中小企業者

二　中小企業者等であって、事業を開始した日以後の期間が5年未満の個人（前号に掲げる者を除く。）

三　中小企業者等であって、設立の日以後の期間が5年未満の会社（第1号に掲げる者を除く。）

四　中小企業者等であって事業を開始した日以後の期間が5年以上10年未満の個人又は設立の日以後の期間が5年以上10年未満の会社であるもののうち、プログラム（情報処理の促進に関する法律（昭和45年法律第90号）第2条第2項に規定するプログラムをいう。第17条第3項において同じ。）の開発その他の情報処理（同法第2条第1項に規定する情報処理をいう。以下同じ。）に関する高度な知識又は技能を活用して行う業務として経済産業省令で定める業務に従事する常時使用する従業員の数の常時使用する従業員の総数に対する割合が経済産業省令で定める割合を超えるもの（第1号に掲げる者を除く。）

5　この法律において「特定事業者」とは、次の各号のいずれかに該当する者をいう。

一　常時使用する従業員の数が500人以下の会社及び個人であって、製造業、建設業、運輸業その他の業種（次号及び第3号に掲げる業種並びに第4号の政令で定める業種を除く。）に属する事業を主たる事業として営むもの

二　常時使用する従業員の数が400人以下の会社及び個人であって、卸売業（第4号の政令で定める業種を除く。）に属する事業を主たる事業として営むもの

三　常時使用する従業員の数が300人以下の会社及び個人であって、小売業又はサービス業（次号の政令で定める業種を除く。）に属する事業を主たる事業として営むもの

四　常時使用する従業員の数がその業種ごとに政令で定める数以下の会社及び個人であって、その政令で定める業種に属する事業を主たる事業として営むもの

五　企業組合

六　協業組合

七　事業協同組合、事業協同小組合、商工組合、協同組合連合会その他の特別の法律により設立された組合及びその連合会であって、政令で定めるもの

八　一般社団法人であって前各号に掲げるものを直接又は間接の構成員とするもの（政令で定める要件に該当するものに限る。）

6　この法律において「特定事業者等」とは、次の各号のいずれかに該当する者をいう。

一　特定事業者

二　常時使用する従業員の数が政令で定める数以下の会社その他政令で定める法人及び個人（前号に掲げる者を除く。）

----------------------------------------

## ○中小企業等経営強化法第３条（基本方針）

主務大臣は、中小企業等の経営強化に関する基本方針（以下「基本方針」という。）を定めなければならない。

----------------------------------------

## ○中小企業等経営強化法施行令第１条（中小企業者の範囲）

中小企業等経営強化法（平成11年法律第18号。以下「法」という。）第２条第１項第５号に規定する政令で定める業種並びにその業種ごとの資本金の額又は出資の総額及び常時使用する従業員の数は、次の表のとおりとする。

| | 業　種 | 資本金の額又は出資の総額 | 常時使用する従業員の数 |
|---|---|---|---|
| 一 | ゴム製品製造業（自動車又は航空機用タイヤ及びチューブ製造業並びに工業用ベルト製造業を除く。） | 3億円 | 900人 |
| 二 | ソフトウェア業又は情報処理サービス業 | 3億円 | 300人 |
| 三 | 旅館業 | 5,000万円 | 200人 |

2　法第２条第１項第８号の政令で定める組合及び連合会は、次のとおりとする。

一　事業協同組合及び事業協同小組合並びに協同組合連合会

二　水産加工業協同組合及び水産加工業協同組合連合会

三　商工組合及び商工組合連合会

四　商店街振興組合及び商店街振興組合連合会

五　生活衛生同業組合、生活衛生同業小組合及び生活衛生同業組合連合会であって、その直接又は間接の構成員の3分の2以上が5,000万円（卸売業を主たる事業とする事業者については、1億円）以下の金額をその資本金の額若しくは出資の総額とする法人又は常時50人（卸売業又はサービス業を主たる事業とする事業者については、100人）以下の従業員を使用する者であるもの

六　酒造組合、酒造組合連合会及び酒造組合中央会であって、その直接又は間接の構成員たる酒類製造業者の3分の2以上が3億円以下の金額をその資本金の額若しくは出資の総額とする法人又は常時300人以下の従業員を使用する者であるもの並びに酒販組合、酒販組合連合会及び酒販組合中央会であって、その直接又は間接の構成員たる酒類販売業者の3分の2以上が5,000万円（酒類卸売業者については、1億円）以下の金額をその資本金の額若しくは出資の総額とする法人又は常時50人（酒類卸売業者については、100人）以下の従業員を使用する者であるもの

七　内航海運組合及び内航海運組合連合会であって、その直接又は間接の構成員たる内航海運事業を営む者の3分の2以上が3億円以下の金額をその資本金の額若しくは出資の総額とする法人又は常時300人以下の従業員を使用する者であるもの

八　技術研究組合であって、その直接又は間接の構成員の3分の2以上が法第2条第1項第1号から第7号までに規定する中小企業者であるもの

----

## ○中小企業等経営強化法施行令第2条（中小企業者等の範囲）

法第2条第2項第2号の政令で定める要件は、当該一般社団法人の直接又は間接の構成員の3分の2以上が同条第1項に規定する中小企業者であることとする。

2　法第2条第2項第3号の政令で定める資本金の額又は出資の総額は、10億円とする。

3　法第2条第2項第3号の政令で定める法人は、次のとおりとする。

一　医業を主たる事業とする法人

二　歯科医業を主たる事業とする法人

4　法第2条第2項第4号の政令で定める常時使用する従業員の数は、2,000人とする。

5　法第2条第2項第4号の政令で定める法人は、次のとおりとする。

一　医業を主たる事業とする法人

二　歯科医業を主たる事業とする法人

三　社会福祉法（昭和26年法律第45号）第22条に規定する社会福祉法人（前2号に掲げる法人を除く。第5条第2項第3号において「社会福祉法人」という。）

四　特定非営利活動促進法（平成10年法律第7号）第2条第2項に規定する特定非営利活動法人（第1号及び第2号に掲げる法人を除く。第5条第2項第4号において「特定非営利活動法人」という。）

- - - - - - - - - - - - - - - - - - - - - - - - - - - - - - - - - - - - - - - -

## ○中小企業等経営強化法施行令第4条（特定事業者の範囲）

法第2条第5項第4号に規定する政令で定める業種は次のとおりとし、これらの業種ごとの同号に規定する政令で定める常時使用する従業員の数はいずれも500人とする。

一　ソフトウェア業

二　情報処理サービス業

三　旅館業

2　法第2条第5項第7号の政令で定める組合及び連合会は、次のとおりとする。

一　事業協同組合及び事業協同小組合並びに協同組合連合会

二　水産加工業協同組合及び水産加工業協同組合連合会

三　商工組合及び商工組合連合会

四　商店街振興組合及び商店街振興組合連合会

五　生活衛生同業組合、生活衛生同業小組合及び生活衛生同業組合連合会であって、その直接又は間接の構成員の3分の2以上が常時300人（卸売業を主たる事業と

する事業者については、400人）以下の従業員を使用する者であるもの

六　酒造組合、酒造組合連合会及び酒造組合中央会であって、その直接又は間接の構成員たる酒類製造業者の3分の2以上が常時500人以下の従業員を使用する者であるもの並びに酒販組合、酒販組合連合会及び酒販組合中央会であって、その直接又は間接の構成員たる酒類販売業者の3分の2以上が常時300人（酒類卸売業者については、400人）以下の従業員を使用する者であるもの

七　内航海運組合及び内航海運組合連合会であって、その直接又は間接の構成員たる内航海運事業を営む者の3分の2以上が常時500人以下の従業員を使用する者であるもの

八　技術研究組合であって、その直接又は間接の構成員の3分の2以上が法第2条第5項第1号から第6号までに掲げる者であるもの

3　法第2条第5項第8号の政令で定める要件は、当該一般社団法人の直接又は間接の構成員の3分の2以上が同項第1号から第7号までに掲げる者であることとする。

----------------------------------------------------------------

## ○中小企業等経営強化法施行令第5条（特定事業者等の範囲）

法第2条第6項第2号の政令で定める常時使用する従業員の数は、2,000人とする。

2　法第2条第6項第2号の政令で定める法人は、次のとおりとする。

一　医業を主たる事業とする法人

二　歯科医業を主たる事業とする法人

三　社会福祉法人

四　特定非営利活動法人

[著者紹介]

鯨岡　健太郎（くじらおか　けんたろう）

公認会計士・税理士
税理士法人ファシオ・コンサルティング　パートナー

1997年　専修大学商学部商業学科卒業
1998年　監査法人トーマツ（現：有限責任監査法人トーマツ）入社。主に国内上場企業に対する法定監査業務及びIPO支援業務に従事
2002年　公認会計士登録
2003年　税理士法人トーマツ（現：デロイト　トーマツ税理士法人）に転籍入社。主に外資系企業や国内上場企業に対する税務コンプライアンス業務及び税務コンサルティングサービスをはじめ、M&Aにおける税務デューデリジェンス業務及びストラクチャリング業務に従事。
2005年　税理士登録
2008年　鯨岡公認会計士事務所開設
2009年　税理士法人ファシオ・コンサルティングを設立し、社員税理士に就任。これまでの経験を活かし、中小企業から中堅・大企業まで幅広いクライアント層に対して連結納税システムの導入支援や税効果会計支援業務等も含めた法人税務サービスを提供している。企業経理担当者、税理士、公認会計士向けのセミナーや執筆活動も多数手がけている。

［主な著書］
・『賃上げ・投資促進税制（所得拡大促進税制）の実務解説』清文社、2018年
・『三訂版 最新企業会計と法人税申告調整の実務』日本公認会計士協会東京会編（専門編集員）、2017年
・『中小企業のための事業承継ハンドブック』日本公認会計士協会東京会編（専門編集員）、2016年
［主な講演実績］
株式会社プロフェッションネットワーク、一般財団法人会計教育研修機構、日本公認会計士協会、TKC全国会、株式会社税務研究会、株式会社レガシィ、株式会社KACHIEL、TAC株式会社、大原学園ほか

## 中小企業の判定をめぐる税務

2021年9月30日　発行

著　者　　鯨岡　健太郎 ©

発行者　　小泉　定裕

発行所　　株式会社 清文社

東京都千代田区内神田1－6－6（MIF ビル）
〒101-0047　電話 03（6273）7946　FAX03（3518）0299
大阪市北区天神橋2丁目北2－6（大和南森町ビル）
〒530-0041　電話 06（6135）4050　FAX06（6135）4059
URL https://www.skattsei.co.jp/

印刷：藤原印刷㈱

ISBN978-4-433-71511-3